GRILLEN

Die Besten Gasgrill Rezepte Für Echte Grillfans

(Die Besten Gasgrill Rezepte Zum Nachmachen Mit Fleisch)

Matthias Fuchs

Herausgegeben von Alex Howard

© **Matthias Fuchs**

All Rights Reserved

Grillen: Die Besten Gasgrill Rezepte Für Echte Grillfans (Die Besten Gasgrill Rezepte Zum Nachmachen Mit Fleisch)

ISBN 978-1-77485-043-5

☐ Copyright 2021 - Alle Rechte vorbehalten.

Dieses Dokument zielt darauf ab, genaue und zuverlässige Informationen zu dem behandelten Thema und Themen bereitzustellen. Die Publikation wird mit dem Gedanken verkauft, dass der Verlag keine buchhalterischen, behördlich zugelassenen oder anderweitig qualifizierten Dienstleistungen erbringen muss. Wenn rechtliche oder berufliche Beratung erforderlich ist, sollte eine in diesem Beruf praktizierte Person bestellt werden.
- Aus einer Grundsatzerklärung, die von einem Ausschuss der American Bar Association und einem Ausschuss der Verlage und Verbände gleichermaßen angenommen und gebilligt wurde.
Es ist in keiner Weise legal, Teile dieses Dokuments in elektronischer Form oder in gedruckter Form zu reproduzieren, zu vervielfältigen oder zu übertragen. Das Aufzeichnen dieser Veröffentlichung ist strengstens untersagt und jegliche Speicherung dieses Dokuments ist nur mit schriftlicher Genehmigung des Herausgebers gestattet. Alle Rechte vorbehalten.
Die hierin bereitgestellten Informationen sind wahrheitsgemäß und konsistent, da jede Haftung in Bezug auf Unachtsamkeit oder auf andere Weise durch die Verwendung oder den Missbrauch von Richtlinien, Prozessen oder Anweisungen, die darin enthalten sind, in der alleinigen und vollständigen Verantwortung des Lesers des Empfängers liegt. In keinem Fall wird dem Verlag eine rechtliche Verantwortung oder Schuld für etwaige Reparaturen, Schäden oder Verluste auf Grund der hierin enthaltenen Informationen direkt oder indirekt angelastet.
Der Autor besitzt alle Urheberrechte, die nicht beim Verlag liegen.
Die hierin enthaltenen Informationen werden ausschließlich zu Informationszwecken angeboten und sind daher

universell. Die Darstellung der Informationen erfolgt ohne Vertrag oder Gewährleistung jeglicher Art.

Die verwendeten Markenzeichen sind ohne Zustimmung und die Veröffentlichung der Marke ist ohne Erlaubnis oder Unterstützung durch den Markeninhaber. Alle Warenzeichen und Marken in diesem Buch dienen nur zu Erläuterungszwecken und gehören den Eigentümern selbst und sind nicht mit diesem Dokument verbunden.

Inhaltsverzeichnis

Welche Gemüsesorten eignen sich zum Grillen 1
Käse zum Grillen 2
Beilagen zum Grillen 3
10 Tipps zum Grillen 4
Die Garstufen für Steaks 14
Gemüse grillen 15
Grillen mit Fleischersatz 15
Grillen mit Obst 16
Kalorienarm grillen 17
Wo lauern die Kalorien? 18
Wie viele Kalorien hat...? 20
Holzkohle ist nicht gleich Holzkohle! 21
Blaubeer-Barbecue-Sauce 22
Beeren-Mojito 23
Grill-Fladenbrot 24
Grillgemüse - Salat 25
Schweinekotlett Mexiko-Art 27
Mariniertes Grillgemüse am Spieß mit Safran 28
Balsamico-Senf-Sauce 30
Buttermilchbeize 31
Lammburger 32
Joghurt-Kräutersoße 34
Fetakäse vom Grill 35
Gegrillte Mangos mit Himbeersauce 37
American Rumpsteak mit BBQ-Sauce 39

Bratkartoffel 40

Tomatendip 42

Rumpsteak mit Pesto-Marinade 43

Salsicce mit Paprika und Zwiebeln 44

Orange-Sojamarinade 46

Vegetarische Champignonspieße 47

Kartoffelsalat mit Frühlingszwiebeln 49

Champignonspieße 51

Gegrillte Feta Tomaten Päckchen 52

Knoblauch-Joghurt-Sauce 54

Kadinbudu Köfte mit Jogurtsauce 55

Bratkartoffel 57

Falafel Burger 58

Amerikanischer Burger – Andere Variante 60

Kartoffel-Wurstspießchen 62

Lendensteaks mit ummantelte Bananen 64

Lammkeule mit Honig-Senf-Sauce 66

Olivenpaté 68

Kartoffel - Spieße für den Grill 69

gegrilltes Lachskotelett 71

Marinierte Putenschnitzel 72

Ražnjići mit Gemüsepaste 73

Tomaten-Salat mit Avocado und Hähnchenstreifen 75

Fetasalat 77

Sommer-Grill-Salat 78

fruchtige Entenspieße 79

Steak mit Honig 80

Marinierte Hähnchenschenkel	82
Spinatsalat mit Zitronentofu	83
Jalapeños Burger	85
Jerk Chicken	87
Hähnchen Spieße mit Papaya	89
Hirschspieße vom Grill	90
Fischplatte mit Krebsbutter	92
Spareribs	94
Orangen-Rucola-Salat mit Gorgonzola	96
Grillsteak	97
Bärlauch – Focaccia	99
Hähnchen-Ananas-Spieße	100
Gefüllter Barsch	102
Hähnchen mit gegrillten Maiskolben	104
Tofu auf orientalische Art	106
Zucchini-Käse-Spieße	108
Amerikanischer Burger	109
afrikanische Erdnusssauce	111
Paprikafisch	112
Gegrillte Tofu Spieße	114
Selbstgemachte Wildbratwürstchen	115
Seitan-Gemüse-Spieße	117
Garnelenpfanne für den Grill	118
Spare Ribs (USA)	120
Kartoffelsalat mit Tofu (Vegan)	121
Thunfischsteaks	122
Rote Bete mit Füllung	124

Grill – Marinade	125
Grill – Marinade – Andere Variante	126
exotische Fischspieße (Karibik)	127
Pikante Bananen	129
Rosmarin-Folienkartoffel mit Feigen-Oliven Relish	130
Kartoffeln mit Wildkräutern	132
Honey Mustard-Ganelen (USA)	133
Spargelsalat	134
Vegane Tofu-Physalis-Spieße	135
Schokobananen am Spieß	137
Gegrillte Banane mit Schokolade und Marshmallows	138
Austernpilze mit Sesam	139
Gegrillte Forelle	140
Krustenbraten vom Grill mit Brötchen	141
Gefülltes Baguette	142
Grillgemüse - Salat	143
Grillgemüse – Salat	145
Ramazan pidesi	147
Heilbutt und Wacholder	149
Gegrillter Römersalat	151
Gefüllte Chilischoten	153
Frischkäse mit Cranberrys und Chili	154
Gegrillte Mangos mit Himbeersauce	155
Tsatsiki	157
Zuckerschocksteak	158
Laugenbrezeln umarmt Hühnerbrust	160
Gegrillter Maiskolben	161

Gegrillte Zucchiniröllchen 162
Auberginen-Dipp 163
Kartoffelsalat mit Frühlingszwiebeln 164
Cevapcicis zum Verlieben 166
Mini-Frikadellen 167
Spezial Spare Ribs 168
Champignons vom Grill 171
Salsa-Bohnen 172
Zutaten für zwei Personen: 174
Gegrillte Zucchini 175
Taco-Gewürzmischung 177
Entenbrust vom Grill 178
Cevapcici im Speckmantel 179
Tomatenwurzelbrote 180
Gegrillter grüner Spargel mit Schinken 182
Spanische Spieße 183
Fetacreme 185
Straußensteaks 186
BBQ-Bacon-Cheese-Burger 187

Welche Gemüsesorten eignen sich zum Grillen

Kartoffeln und Mais immer halbvorgaren und dann in Alufolie einwickeln. Die Kartoffel kann man direkt in die Glut schmeißen.

Paprika, Auberginen, Champignons, Zwiebel, Zucchini, Spargel zum Beispiel eignen sich hervorragend.

Ich empfehle Ihnen, das Gemüse in gleich große Scheiben bzw. kleinere Stücke zu schneiden, damit die Garzeit nicht zu lange ist. Aber Sie finden hervorragende Rezepte im Rezeptteil.

Käse zum Grillen

Besonders Vegetarier sollten beim Grillen nicht zu kurz kommen. Denn es eignen sich ebenfalls verschiedene Käsesorten zum Grillen. Es sind natürlich welche mit fester Konsistenz geeignet, wie Schafs-, Ziegen- und Hirtenkäse, Halloumi, Feta, Mozzarella oder Brie.

Sie können auch Gemüse oder Fleisch mit zum Beispiel Camembert überbacken. Schmeckt auch hervorragend.

Beilagen zum Grillen

Als Beilagen eignen sich neben den verschiedenen Gemüsesorten ganz hervorragend diverse Salate wie grüner Salat, Gurkensalat, Maissalat, Bohnensalat, Kresse gemischt mit Kartoffelsalat – je nach Belieben.

Außerdem schmeckt es ganz hervorragend, wenn man Knoblauch- oder Kräuterbrot reicht. Sie können es entweder selber machen oder Sie kaufen es, je nachdem, wieviel Zeit und Muse sie haben.

Was Sie auf keinen Fall vergessen sollten, sind Saucen. Sie finden leckere Grillmarianden und Saucen im Rezeptteil.

10 Tipps zum Grillen

1. Holzkohle / Grillbriketts anzünden
Eine wichtige Grundregel ist, dass aus Sicherheitsgründen kein Brennspiritus oder gelartige Grillpasten verwendet werden sollten. Neben einer unangenehmen Geruchsentwicklung kann der Einsatz sehr gefährlich sein, zum Beispiel wenn Spiritus oder Benzin auf bereits angezündete Kohle gegossen wird. Unter Umständen kommt es dann zu Stichflammen und Verpuffungen.
Die bessere Wahl sind in jedem Fall feste Grillanzünder wie zum Beispiel Bioanzünder aus Wachs getränkter Holzwolle oder Bio-Kaminanzünder aus Naturholz mit Wachs. Zusätzlich sollte ein Anzündkamin verwendet werden.

2. Holzkohle / Grillbriketts „löschen"
Häufig lässt man den Grill einfach ausglühen. Aber es gibt auch Situationen, in denen die Grillkohle möglichst schnell an Hitze verlieren soll. Ist man Besitzer eines Kugelgrills oder eines anderen Grills mit Deckel, kann man hier auf einen sehr einfachen Trick zurückgreifen: Man entzieht der Kohle einfach den Sauerstoff, indem man alle Lüftungsöffnungen am Grill schließt. Durch die fehlende Luftzufuhr geht die Kohle nun sehr schnell aus und verliert an Hitze. Dies ist zum Beispiel sehr hilfreich, wenn man den Grill abends noch abdecken möchte.

3. Wenden des Grillfleischs

Vorteile des häufigen Wendens sind sicherlich, dass man den aktuellen Zustand des Fleisches kontrollieren kann und es nicht so schnell verbrennt. Wendet man das Grillfleisch allerdings weniger oft (ca. dreimal ist ausreichend), verliert es weniger Saft und bildet zugleich eine leckere Kruste. Außerdem kommt das Fleisch dann auf eine ordentliche Kerntemperatur und gart besser durch.

4. Tropfschale verwenden

Beim Grillen sollte man auf jeden Fall eine Tropfschale verwenden. Diese wird unter dem Grillrost platziert und fängt somit heruntertropfendes Fett auf. Tropfen Fett oder auch Fleischsaft und Marinade auf die glühende Kohle, bilden sich Schadstoffe – dies sollte vermieden werden. Des Weiteren wird durch eine mit Wasser gefüllte Tropfschale zum Beispiel in einem Kugelgrill die Luftfeuchtigkeit erhöht, was den Geschmack des Grillguts positiv beeinflusst.

5. Fleischthermometer verwenden

Mit einem Fleischthermometer kann man sehr leicht die Kerntemperatur des Grillguts messen. Dies ist zu empfehlen, um den optimalen Garzeitpunkt zu bestimmen. Wird das Fleisch zu lange gegrillt, wird es trocken und zäh.

6. Holzkohle oder Grillbriketts

Für kurze Grillzeiten ist die einfache Holzkohle ausreichend. Sie ist etwas billiger als die Briketts, glüht aber schneller durch. Die geringfügig teureren Holzkohlenbriketts beanspruchen ein wenig mehr Zeit, speichern dafür die Wärme länger. Bei Holzkohle müssen Sie bis zum Glühen mit 20 Minuten rechnen, bei den Holzkohlenbriketts noch mit etwa 10 Minuten mehr. Eine sorgfältige aufgeschichtete Pyramide aus Briketts hält die Wärme mindestens eine Stunde lang. Ungeeignete Brennmaterialien sind Altholz, Kieferzapfen oder Altpapier. Bei diesen Stoffen treten bei der Verbrennung Schadstoffe aus.

7. Wann die Glut so weit ist

Das können Sie leicht erkennen: alle Kohlenstücke sollten mit einer weißen Ascheschicht überzogen sein. Wenn Sie erst einmal ein wenig Grillerfahrung gemacht haben, dann werden sie an der abstrahlenden Hitze deutlich spüren, ob die Glut schon heiß genug ist, oder nicht. Welches Messgerät man dazu braucht? Ganz einfach die eigene Hand. Wenn Sie Ihre Hand über dem Rost in die Gluthitze strecken und das etwa drei Sekunden aushalten können, dann liegen Sie goldrichtig oder besser gesagt: Glutrichtig.

8. Alufolie

Eines der unentbehrlichen Hilfsmittel ist die Alu-Folie. Manche Grilladen sind zu empfindlich, als dass sie auf einen Drehspieß gesteckt oder direkt auf dem Rost ausgebreitet werden könnten. In diesen Fällen, wie etwa bei Fisch, Gemüse, Käse oder Obst breiten Sie am besten Alufolie auf dem Rost aus, ölen diese leicht ein und legen das Grillgut darauf. Sie können diese Speisen auch ganz in Folie einwickeln, dann ist der Rost nicht für andere Speisen blockiert. Wenn die Hitze zu groß für einen Braten wird, hilft es, das Fleisch mit Alufolie zu bedecken. Natürlich können Sie auch Kartoffeln in Alufolie einpacken und in die Glut legen. Für manche Gelegenheiten sind Schälchen aus Alu praktisch.

9. Der Zwiebel Trick

Wenn der Grillrost vom letzten Grillen noch schmutzig, kann man sich mit einer Zwiebel und Alufolie helfen. Die Alufolie einen provisorischen Schwamm herstellen und über den schmutzigen Rost reiben. Danach kommt die Zwiebel zum Einsatz, halbieren und wie ein Schwamm über den Rost reiben. Die Zwiebel nimmt das alte Grillfett auf und reinigt zugleich. Zwiebeln haben außerdem eine desinfizierende Wirkung.

10. Der Eierkarton-Trick
Einfach die Eierkartons nehmen, die untere Hälfte unten abtrennen und in den Grill legen. Kohle drüber geben und den Eierkarton einfach anzünden. Dauert zwar etwas länger, ist aber ein guter Ersatz für Grillanzünder.

Die Garstufen für Steaks

Kerntemperatur kann je nach Dicke des Steaks variieren. Beschreibung kann je nach Dicke des Steaks variieren.

ca. 45-49 Grad RARE = Innen blutig, außen, leicht angebräunt

ca. 50-54 Grad MEDIUM RARE = Innenroter Mittelteil, außen knusprig, gebräunte Kruste

ca. 55-59 Grad MEDIUM = Innen rosa, außen eine gut gebräunte und knusprige Kruste

ca. 60-70 Grad MEDIUM-WELL = In der Mitte ein leicht rosa, außen eine knusprige Kruste

ab ca. 71 Grad WELL-DONE = Vollständig durchgebraten, außen knusprig

Gemüse grillen

Viele Gemüsesorten eignen sich ideal zum Grillen vegetarischer Gerichte. Ob es sich um eine gesunde und leichte Pfanne mit gegrilltem Gemüse, beliebten Maiskolben, Spießen mit Pilzen, Zwiebeln und Tomaten oder gefüllten Paprikaschoten, Auberginen und Zucchini mit Couscous oder Bulgur handelt. Wenn Sie nicht vollständig vegetarisch grillen möchten, eignen sich Gemüse-Grillrezepte auch als gesunde und nahrhafte Beilagen, die perfekt zu gegrilltem Fleisch passen.

Grillen mit Fleischersatz

Heutzutage gibt es immer mehr Fleischersatzprodukte auf dem Markt, mit denen Sie vegetarisch oder sogar vegan grillen können. Rein visuell gesehen unterscheiden sich fleischfreie Produkte in der Regel kaum vom ursprünglichen Geschmack der tierischen Produkte. Dennoch können Vegetarier und Veganer sie ohne Schuldgefühle in vollem Umfang verzehren. Ob fleischlose Salami, Rinderfilet oder Nuggets - es gibt viele Sorten, und Sie finden die Produkte in der Regel in jedem Supermarkt.

Grillen mit Obst

Wenn Sie ein süßes, aber gesundes Ende mit einem vegetarischen Grillabend kreieren möchten, legen Sie einfach Früchte mal auf dem Grill. Wissen Sie, dass Sie Ananas, Banane, Wassermelone grillen können? Grundsätzlich sind alle Obstsorten geeignet - je fester das Fruchtfleisch, desto besser. Sie werden überrascht sein, wie gut das Dessert mit Früchten in Kombination mit dem rauchigen Aroma des Grills schmeckt.

Kalorienarm grillen

Wenn Sie gerade abnehmen oder in Zukunft abnehmen möchten, passen diese Grillveranstaltungen nicht gut in Ihr Kalorienbudget. Aber Sie müssen nicht auf das Grillen mit Ihren Lieben verzichten - kalorienarmes, gesundes Grillen ist nicht so schwierig. Hier erfahren Sie, wie Sie beim Grillen Kalorien sparen und Ihre Grillabend perfekt mit einer Diät in Einklang bringen können.

Um kalorienarm grillen zu können, müssen Sie zunächst genau wissen, wo die Kalorienbomben auf einer Grillparty lauern. Dann sollten Sie diese Lebensmittel nach Möglichkeit meiden und nach Alternativen suchen. Typischerweise können kalorienarme Produkte ziemlich schnell gefunden werden, um kalorienarme Produkte zu ersetzen. Wenn Sie von Anfang an vegan oder vegetarisch kochen möchten, können Sie mit Gemüse kaum etwas falsch machen. Bei Fisch und Fleisch ist jedoch Vorsicht geboten, damit es kalorienarm ist. Im Allgemeinen ist das Kochen auf dem Grill eine sehr schonende Zubereitungsmethode, da kein zusätzliches Fett benötigt wird.

Wo lauern die Kalorien?

Tatsächlich kann man es leicht erkennen welches Grillgut Kalorienbomben sind. Fettiges Fleisch, das in einer Grillmarinade schwimmt, hilft Ihnen sicherlich nicht beim Kaloriengrillen. Fetthaltige und daher kalorienhaltige Fleischprodukte umfassen beispielsweise Würste, Grillfackeln, Bauchfleisch oder Speck. Wenn Sie kalorienarme Lebensmittel grillen möchten, sollten Sie davon loslassen.
Wählen Sie stattdessen mageres Fleisch, Geflügel ohne Haut, Fisch, Gemüse oder Fleischersatz. Sie sollten auch Ihre eigene Marinade besser marinieren. Die gekaufte Marinade enthält normalerweise viel Zucker, Öl und Salz. Es ist auch schwierig festzustellen, ob es sich um frisches Fleisch handelt.

Mit hausgemachter Marinade kennen Sie nicht nur die enthaltenen Zutaten, sondern können diese auch kalorienarm zubereiten. Bei jeder Grillparty gibt es reichlich Salate, Beilagen und Dips die Ihr Kalorienkonto schnell überziehen. Daher sollten Sie einen genauen Blick auf genau diese Klassiker werfen. Wenn der Salat mit viel Mayonnaise oder viel Öl zubereitet wird, sind diese sicherlich nicht zum kalorienarmen Grillen geeignet.

Wenn Sie auf Diät sind, sind mehrschichtiger Salat und viel Käse ebenfalls kontraproduktiv. Ein Salat, der nicht nur einfach und lecker ist, sondern auch kalorienarm: Salat mit leichtem Essig-Öl-Vinaigrette. Hier können Sie Karotten, Gurken, Tomaten, Zwiebeln, Pilze und verschiedene andere Salate nach Ihren Wünschen verarbeiten.

Auch eine Kalorienfalle: fertiges Backbaguette mit Knoblauch- oder Kräuterbutter. Wählen Sie stattdessen die Vollkornvariante und essen Sie Brot nur in Maßen. Zum kalorienarmen Grillen sind 2-3 Baguettescheiben erlaubt. Fette Dips und Saucen stellen ebenfalls eine Bedrohung für die Figur dar. Zucker ist die Hauptzutat in den meisten Fertigsaucen.

Machen Sie lieber Ihre eigene Sauce, Kräuterquark aus frischen Kräutern, Joghurtdip für das Gemüse. Ein hausgemachter Ketchup aus frischen Tomaten ist kalorienärmer und lecker zugleich. Achten Sie nicht nur auf die Beilagen und Speisen, sondern auch auf die Getränke. Zuckerreiche Getränke wie Limonade, Cola oder unverdünnter Fruchtsaft schmecken zwar gut, aber haben viele Kalorien anzubieten. Genauso Alkohol hat auch enorme Kalorien anzubieten. Also lieber etwas mehr Wasser einpacken und mit einer Scheibe Bio-Zitrone im Glas bevorzugen.

Wie viele Kalorien hat...?

Fett 9,3 kcal/Gramm
Eiweiß 4,1 kcal/Gramm
Kohlenhydrate 4,1 kcal/Gramm
Alkohol 7,1 kcal/Gramm

Holzkohle ist nicht gleich Holzkohle!

Viele Grillfans machen sich keine Sorgen um Holzkohle. Da man heute fast an jeder Straßenecke Holzkohle kaufen kann, werden Sie während dem Einkaufen einfach schnell dazu gelegt, der Preis ist spielt da eher ein größer Rolle als die Qualität. Hochwertige Holzkohle muss jedoch nicht teuer sein, ebenso wie teure Holzkohle nicht von hoher Qualität sein muss. Es gibt jedoch viele Qualitätsstufen, die eine Holzkohle deutlich besser machen als eine andere. Um die beste Holzkohle auf dem Markt zu finden, lohnt es sich, die Marktforschungsergebnisse von Verbraucherorganisationen wie der Stiftung Warentest zu betrachten.

Die Eigenschaften von hochwertiger Holzkohle sind:

- Kein Holz aus Regenwäldern (FSC-Siegel vorhanden)
- Kurze Vorglühzeit
- Hohe Grilltemperatur
- Geringer Staubanteil
- Grobe Stücke
- Lange Brenndauer
- Geringe Menge benötigt

Blaubeer-Barbecue-Sauce

ERGIBT ETWA 1 GLAS
VORBEREITUNGSZEIT: 5 MIN.
ZUBEREITUNGSZEIT: 45 MIN.

225 g Blaubeeren
60 ml Espresso oder starker Kaffee
120 ml Apfelsaft
60 g Ketchup
25 g brauner Zucker
ein halber Apfel, geschält und fein gewürfelt
2 EL Honig
2½ EL dunkler Balsamico
1 EL Sonnenblumenöl
1 kleine rote Zwiebel, fein gewürfelt
1 Schalotte, fein gewürfelt
1 Knoblauchzehe, klein gehackt
2 TL frischer Ingwer (gerieben)
2 EL Worcestershire Sauce
¼ TL Pfeffer
¼ TL Salz
¼ TL Zimt
¼ TL Rauchpaprika Pulver

Zwiebel, scharlotte und Knoblauch mit Öl in einem Topf anschwitzen. Alle Zutaten hinzugeben und vermengen. Bei mittlerer Hitze ca. 45-60 Minuten einkochen lassen, gelegentlich umrühren. Sauce auskühlen lassen.

Beeren-Mojito

8 EL Rohrzucker
6 Limetten, Saft
1 Handvoll frische Minze, fein gehackt
100 g Himbeeren
10 cl weißer Rum
1 Liter Mineralwasser
Alle Zutaten in einem Krug miteinander vermischen und gut verrühren. In hohen Gläsern mit Eiswürfeln servieren.

Grill-Fladenbrot

Dauer: 80 Minuten

Portionen: Für vier Personen

Zutaten:
500g Mehl
1 Prise Salz
1 Prise Salz
1 Prise Pfeffer
1 Prise Paprikapulver
1 Würfel Trockenhefe
250ml lauwarmes Wasser

So wird es gemacht:
Alle Zutaten in einen Mixer geben und zu einer homogenen Masse verarbeiten. Anschließend für 60 Minuten zugedeckt ruhenlassen.
Die Hände leicht anfeuchten und aus der Masse acht kleine Fladen formen. Diese auf den Grill geben und jeweils pro Seite für fünf Minuten anbraten.

Grillgemüse - Salat

Zutaten

2 rote Paprikaschoten	6 Zehen Knoblauch
2 gelbe Paprikaschoten	3 EL Olivenöl
2 Zwiebeln	2 TL Salz
1 Zucchini	3 EL Balsamico
2 große Karotten	3 EL Walnussöl
250 g Champignons	evtl. Paprikapulver
1 Fenchel	und Chiliflocken

Zubereitung

Vorweg ein Hinweis: **Dieser Salat wird nicht gegrillt, schmeckt aber fabelhaft zu gegrilltem.**
Das Gemüse putzen und in mundgerechte Stücke schneiden, die Zwiebeln in Achtel schneiden.

Das Gemüse in einen Müllbeutel geben und den durchgepressten Knoblauch, das Olivenöl und das Salz hinzugeben und alles gut durchschütteln (klingt komisch, macht das Mischen jedoch einfacher). Bei Bedarf, kann auch noch Chiliflocken und Paprika hinzugegeben werden.

Das Gemüse auf zwei mit Backpapier ausgelegte Backbleche verteilen und im Ofen bei 200°C backen, bis das Gemüse anfängt zu bräunen.

Das Gemüse abkühlen lassen und dann in eine große Schüssel geben. Aus
Balsamico und Walnussöl eine Marinade herstellen und unter das Gemüse heben.

Schweinekotlett Mexiko-Art

Zutaten:
4 Schweinekoteletts
8 Knoblauchzehen
6 EL Orangensaft
4 EL Rotweinessig
2 EL Olivenöl
2 EL Honig
1 TL Koriander (gemahlen)
2 TL Cumin (gemahlen)
2 TL Oregano
Pfeffer
Zimt

Zubereitung:
Knoblauch schälen und pressen aus allen Zutaten (außer Schweinebauch) eine Marinade anfertigen.
Koteletts waschen und Fettrand entfernen.
Koteletts marinieren.
Fleisch für wenige Minuten auf den Grill geben salzen und pfeffern.

Mariniertes Grillgemüse am Spieß mit Safran

Dauer: 35 Minuten

Portionen: Für vier Personen

Zutaten:

Für die Spieße:

2 Maiskolben

2 Zucchini

2 Paprika

16 Champignons

1 rote Zwiebel

1 Karotte

60g Tomaten-Pesto

60ml Olivenöl

Salz und Pfeffer

8 Holzspieße

Für Safran Dip:

250g Sojajoghurt

50ml Sojasahne

1 EL Zitronensaft
Salz
Kurkuma

8 Safranfäden

So wird es gemacht:

Gemüse küchenfertig vorbereiten und auf eine Größe zuschneiden. Eng und ohne Zwischenraum abwechselnd auf Holzspieße stecken. Mit Karottenscheiben beginnen und enden.
Tomaten-Pesto mit Olivenöl mischen. Damit Gemüsespieße bestreichen (auf einem Blech oder in einer Auflaufform liegend). Für ca. 2 Stunden marinieren. Gemüsespieße mit Salz und Pfeffer würzen und anschließend von allen Seiten grillen.
Für den Safran-Dip alle Zutaten vermischen, mit Salz und Kurkuma abschmecken und Safranfäden zugeben. Zusammen mit den Spießen servieren.

Balsamico-Senf-Sauce

Zutaten:
1 hart gekochtes Ei
2 EL Zitronensaft
3 EL weißer Balsamicoessig
4 EL Olivenöl
3 EL Senf
2 Frühlingszwiebeln
Prise Pfeffer und Salz

Zubereitung:

Alle Zutaten: bis auf die Frühlingszwiebeln in einen Pürier Becher geben, gut pürieren und danach abschmecken. Die Frühlingszwiebeln in sehr feine Streifen schneiden und unter die Sauce heben.

Buttermilchbeize

Zutaten:

150 g Vollmilchjogurt
150 g saure Sahne
125 ml Buttermilch
2 frische Minzezweige
½ Bund Petersilie
2 cm Ingwerwurzel (oder ½ TL Ingwerpulver)
1 TL zerdrückte, weiße Pfefferkörner
1 Prise gemahlener Kümmel
2 Lorbeerblätter

Zubereitung:

Joghurt, Sauerrahm und Buttermilch gleichmäßig mischen. Kräuter waschen und dazugeben. Ingwerwurzel schälen und hacken oder Ingwerpulver hinzufügen. Pfeffer, Kreuzkümmel und Lorbeerblatt dazugeben und alles gut vermischen.
Die Beize eignet sehr gut für Wild- und Lammfleisch. Vor dem Grillen muss die Beize gut vom Grillgut abgestreift werden.

Lammburger

FÜR 4 PERSONEN
ZUBEREITUNGSZEIT: 15 MIN.
GRILLZEIT: 8 BIS 10 MIN.

500 g Lammhack
4 Burgerbrötchen
2 Eigelb
4 Knoblauchzehen, fein gehackt
200 g Feta, klein gewürfelt
100 g getrocknete Tomaten
150 g Rucola
1 TL Sesam
1 TL Paprikapulver
Salz und Pfeffer

Den Gasgrill für direkte mittlere Hitze (180–230 °C) erhitzen.
Alle Zutaten bis auf die getrocknete Tomaten, Käse und den Rucola in einer großen Schüssel gründlich vermischen. Aus der Fleischfarce vier gleich große, etwa 2 cm dicke Burger formen.
Die Burger über direkter mittlerer Hitze bei geschlossenem Deckel 8–10 Min. grillen, bis sie halb durch (medium) sind, dabei einmal wenden. In der letzten Minute die Brötchen mit der Schnittfläche nach unten über direkter Hitze leicht rösten.

Brötchen jeweils mit Rucola, getrocknete Tomaten, Käse und Burger belegen und warm servieren.

Joghurt-Kräutersoße

800 ml Naturjoghurt
Saft von 3 Zitronen
2 Gewürzgurken, gewürfelt
1 Tomate, ohne Stielansatz, gewürfelt
2 EL Petersilie, fein gehackt
2 EL Schnittlauch, fein gehackt
Salz und Pfeffer zum Abschmecken
Alle Zutaten zusammen in einem Hochleistungsmixer zu einer feinen Soße vermischen. Zum Schluss mit Salz und Pfeffer abschmecken.
Die Soße passt sehr gut zu allen vegetarischen Grillgerichten!

Fetakäse vom Grill

Dauer: 10 Minuten

Portionen: Für eine Person

Zutaten:
150g Schafskäse
1 Teelöffel Olivenöl
2 Scheiben Tomaten
2 entkernte Oliven
1 Scheibe Zwiebelringe
1 Prise getrockneter Oregano
1 Prise Salz
1 Prise Pfeffer
1 Prise getrockneter Thymian
1 Prise Knoblauchpulver
1 Prise Zwiebelpulver
1 Chilischote
1 türkische Paprika
1 Prise getrocknetes Basilikum

So wird es gemacht:
Ein Stück Alufolie bereitstellen und die Scheiben geschnittenen Käsestücke auf dieser verteilen. Mit dem Olivenöl beträufeln und anschließend die Gewürze darauf bestreuen. Nun, Tomaten, in feine Scheiben geschnittene Oliven und Zwiebelringe auf dem Schafskäse verteilen und für 10 Minuten auf den Grill

legen.

Gegrillte Mangos mit Himbeersauce

Zutaten

2 EL Zucker
1 TL Melasse
2 EL frisch gepresster Limetten- oder Zitronensaft
2 T frische Himbeeren (ersatzweise Erdbeeren)
3-4 mittelgroße Mangos
Pflanzenöl für den Grillrost

Zubereitung

Zucker, Melasse und den Limettensaft in einer flachen Schüssel gut vermischen.
Die Hälfte der Himbeeren dazugeben, pürieren.
Die Mangos schälen und im Ganzen mit einer Seite in die Himbeersoße legen und diese bei Raumtemperatur für ca. 45 Minuten darin ruhen lassen.
Den Grillrost mit dem Pflanzenöl einfetten und den Grill auf mittlerer Hitze heizen.
Die Mangos mit der marinierten Seite nach unten auf den Grill legen und die Marinade beiseitestellen.

Nach 2 Minuten die Mangos umdrehen, dann für weitere 6-8 Minuten grillen lassen. Vom Grill entfernen und mit der Hälfte der restlichen Marinade übergießen. Die restlichen Himbeeren in die verbleibende Marinade einrühren und über den Mangos verteilen. Warm servieren.

American Rumpsteak mit BBQ-Sauce

Zutaten:
2 EL bunter Pfeffer geschrotet
1 EL Thymian gehackt
1 EL Petersilie gehackt
4 Rumpsteaks ca. 200g. das Stück
3 EL Sonnenblumenöl
2 EL BBQ-Sauce (smoking bull)

Zubereitung:
Den bunten und geschroteten Pfeffer und die Kräuter miteinander mischen.
Die Straks danach in eine flache Schale oder Unterlage legen und von beiden Seiten mit Öl bestreichen.
Danach die Straks mit Pfeffer-Kräuter Mischung bestreuen und ausdrücken.
Danach die Steaks auf den vorgeheizten Grill von jeder Seite für etwa 3 bis 5 Minuten grillen. Dabei mit einer leichten Prise Salz würzen.
Nach dem Grillen das Fleisch für 5 Minuten ruhen lassen.
Die Kräuter-Pfeffersteaks mit der BBQ-Sauce servieren.

Bratkartoffel

Dauer: 45 Minuten

Portionen: Für drei Personen

Zutaten:

500g Kartoffeln
2 Knoblauchzehen
4 Zweige Rosmarin
50ml Öl
1 Prise Salz
1 Prise Pfeffer
2 EL Zitronensaft
1 EL Honig
1 EL Senf

So wird es gemacht:

Kartoffeln putzen und in Salzwasser gar kochen.
In der Zwischenzeit Knoblauch schälen, waschen und fein hacken. Rosmarin waschen, abzupfen und klein hacken. Die restlichen Zutaten, bis auf die Kartoffeln, in eine Schüssel geben und miteinander vermengen. Zu einer Marinade verarbeiten.

Kartoffeln schälen, in die Marinade geben und für einige Stunden zugedeckt ziehen lassen.
Mit Holzspießen die Kartoffel aufspießen und anschließend auf dem Grill von allen Seiten leicht goldbraun anbraten.

Tomatendip

Zutaten:
600 g Tomaten
2-3 Knoblauchzehen
400 g rote Zwiebeln
2-3 EL Öl
Prise Zucker
Etwas Kümmel
Schuss Rotwein

Zubereitung:

Die Tomaten enthäuten, entkernen und in feine Würfel schneiden- Die Knoblauchzehen und die roten Zwiebeln schälen und in feine Würfel schneiden. Das Öl in einer Pfanne erhitzen, Knoblauch- und Zwiebelwürfel dazugeben und glasig schwitzen. Die Tomaten dazugeben und erhitzen. Das Gemüse mit Zucker, Kümmel, Paprikapulver, Salz und Pfeffer würzen. 1 Schuss Rotwein angießen und fertig garen. Das Gemüse mit etwas angerührter Speisestärke binden, vom Herd nehmen, abkühlen lassen und dekorativ anrichten. Den Tomatendip mit Rosmarinzweige garnieren und kühl aufbewahren.

Rumpsteak mit Pesto-Marinade

Zutaten für 4 Personen:

4 Rumpsteaks
1 Zwiebel
6 EL Olivenöl
2 Zweige Thymian
2 TL grünes Pesto
Pfeffer

Zubereitung:

Zwiebel schälen und in Stücke schneiden. Thymian waschen, trocknen und Blätter zupfen. Das Pesto mit Olivenöl vermischen, Thymianblätter dazugeben und mit Pfeffer würzen.
Mit dem Pesto die Rumsteaks bestreichen, in ein Tupperware geben und einige Stunden kaltstellen. Den Grill einheizen, die Marinade von den Steaks abtupfen und von beiden Seiten scharf anbraten. Danach ca. für 4 Minuten neben der Hitze weiter grillen.

Salsicce mit Paprika und Zwiebeln

FÜR 4 PERSONEN
ZUBEREITUNGSZEIT: 10 MIN.
GRILLZEIT: 30 MIN.

500 g rohe Salsicce (ital. Bratwürste), mehrmals mit der Gabel eingestochen
2 EL Olivenöl
2-3 Knoblauchzehen, zerdrückt
3 Paprikaschoten, in breite Streifen geschnitten
1 mittelgroße Zwiebel, in 0,5 cm dicke Scheiben geschnitten
½ TL getrockneter Oregano
¼ TL zerstoßene rote Chiliflocken
1 TL Meersalz

Den Gasgrill für direkte und indirekte mittlere Hitze (180–230 °C) erhitzen.
Öl, Knoblauch, Oregano, Chiliflocken und Salz in einer mittelgroßen Schüssel verrühren. Paprikastreifen und Zwiebelscheiben untermischen.
Paprika und Zwiebel über direkter mittlerer Hitze bei geschlossenem Deckel etwa 8 Min. grillen, bis das Gemüse weich ist, dabei einmal wenden. Vom Grill nehmen. Paprika in feine Streifen, Zwiebelscheiben in Ringe zerteilen.

Die Würstchen über indirekter mittlerer Hitze bei geschlossenem Deckel 20–25 Min. grillen, bis sie durchgebraten sind, dabei gelegentlich wenden. Wenn die Würstchen stärker bräunen sollen, in den letzten 3–5 Min. über direkte mittlere Hitze legen und einmal wenden. Vom Grill nehmen und die Würstchen in Stücke schneiden. Paprika und Zwiebelringe auf Tellern anrichten, die Würstchenstücke
darauf verteilen und warm servieren.

Orange-Sojamarinade

Saft von 6 Orangen
3 EL Sojasoße
2 Knoblauchzehen, gepresst
1 TL Ingwerpulver
1 TL Paprikapulver
jeweils 1 Prise Currypulver und Zimt
2 EL Öl
Alle Zutaten gut in einem Hochleistungsmixer miteinander vermengen und nach Belieben mit dem Currypulver und Zimt abschmecken.

Chutneys

Die fruchtigen und aromatischen Chutneys sind der passende Gegenspieler für die eher deftigeren Grillgerichte wie Fleischersatz, Kartoffeln, Süßkartoffeln und vegetarische Burger. Vor allem exotischere Obstsorten wie Mangos oder Ananas eignen sich sehr gut für diese tollen Gerichte, aber auch saure Äpfel oder sogar Brombeeren oder Himbeeren. Die meisten dieser dickflüssigen Soßen kombinieren süße und saure Lebensmittel, und gerade das macht ihren unvergleichlichen Geschmack aus. Die Chutneys sind wieder für ca. 500 g des Lebensmittels geeignet.

Vegetarische Champignonspieße

Dauer: 40 Minuten

Portionen: Für vier Personen

Zutaten:
500g Champignons
1 Zucchini
1 rote Paprikaschote
100ml Olivenöl
4 Esslöffel Sojasauce
2 Esslöffel Honig
1 Teelöffel Oregano
1 Teelöffel getrocknetes Thymian
4 Knoblauchzehen

So wird es gemacht:
Knoblauch schälen, waschen und fein hacken.
Knoblauch, Olivenöl, Sojasauce, Honig und die Gewürze in eine Schüssel oder in einen Mixer geben und zu einer homogenen Masse verarbeiten.
Champignons putzen und die Stiele entfernen. Zucchini waschen, Enden abschneiden und in Scheiben schneiden. Paprika waschen, Strunk entfernen, längs halbieren, entkernen und in mundgerechte Stücke schneiden. Das Gemüse in die Marinade geben und für mehrere Stunden in den Kühlschrank geben und ziehen lassen.

Danach das Gemüse nach und nach aufspießen und auf einem Grill von allen Seiten rösten.

Kartoffelsalat mit Frühlingszwiebeln

Zutaten

750 g festkochende Kartoffeln
0.5 EL Kümmel
180 ml Gemüsebrühe
5 EL weißer Balsamico-Essig
4 EL Rapsöl
1 EL Senf mittelscharf
3 Frühlingszwiebeln
Salz
Pfeffer

Zubereitung

Die Kartoffeln waschen, in einem Topf mit Wasser bedecken, Kümmel dazu geben und gar kochen...je nach Größe 20-30 Minuten.
Die Kartoffeln mit kaltem Wasser abschrecken, pellen und in Scheiben schneiden.
Die Gemüsebrühe mit der Hälfte vom Essig mischen und mit Salz und Pfeffer würzen, über die Kartoffeln gießen und vorsichtig vermengen. Mindestens 30 Minuten durchziehen lassen.
Aus dem restlichem Essig, Öl und Senf ein Dressing bereiten. Frühlingszwiebeln putzen, waschen und in feine Ringe schneiden.

Dressing und Lauchzwiebeln unter den Salat mischen. Abschmecken und eventuell nachwürzen.

Champignonspieße

Zutaten:
500 g Champignons
4 EL Sojasauce
2 EL Honig
1 TL Oregano
1 TL Thymian
4 Knoblauchzehen

Zubereitung:
Knoblauch schälen und pressen
Knoblauch mit Öl, Sojasauce, Honig, Oregano und Thymian zu Marinade verarbeiten
Pilze in Marinade geben
Pilze auf Spieße verteilen und auf den Grill legen

Gegrillte Feta Tomaten Päckchen

Dauer: 30 Minuten

Portionen: Für eine Person

Zutaten:

200g Schafskäse

2 Fleischtomaten

10 Blätter Basilikum

1 EL Olivenöl

1 Knoblauchzehe

½ Zwiebel

1 Prise Salz

1 Prise Pfeffer

So wird es gemacht:

Schafskäse in dicke Scheiben schneiden. Tomaten waschen, Strunk entfernen und in dicke Scheiben schneiden. Basilikum waschen, abtropfen lassen und fein hacken. Zwiebel schälen, waschen und in Ringe schneiden.
Der Länge nach die Grillschale aus Alu schichten und dabei auf diese Reihenfolge achten: Käse-Zwiebel-Tomate-Basilikum. Den Knoblauch schälen, waschen und drüber pressen. Mit Salz und Pfeffer würzen und

Olivenöl beträufeln. Die Schale mit Alufolie komplett umwickeln und für 10 Minuten auf dem Grill liegen lassen.

Knoblauch-Joghurt-Sauce

Zutaten:
150 Joghurt mild
100 g Créme fraíche
1 EL Mayonnaise
2 Knoblauchzehen
1 EL Dill
2 EL Schnittlauch
1 EL Zitronensaft
Prise Salz und Pfeffer

Zubereitung:

Joghurt, Créme fraíche und 1 EL Mayonnaise verrühren. Knoblauchzehen schälen, hacken und unterrühren. Dill, Schnittlauch und Zitronensaft untermischen und mit Salz und Pfeffer abschmecken. Die Sauce in einen kleinen Behälter füllen und für mindestens 2 Stunden im Kühlschrank ziehen lassen.

Kadinbudu Köfte mit Jogurtsauce

Zutaten für 4 Personen:

1 Zwiebel
2-3 Knoblauchzehen
1 Bund glatte Petersilie
800 g Lammhackfleisch
100 g gekochter Reis
1 Ei
5 EL Olivenöl
Salz und schwarzer Pfeffer
Je 1 TL getrockneter Thymian und Dill

Für die Zucchini-Joghurtsauce

1 Bund glatte Petersilie
200 g Vollmilchjogurt
4 EL Olivenöl
Saft von 1 Zitrone
4 Knoblauchzehen
Salz und schwarzer Pfeffer
600 g Zucchini

Zubereitung:

Zwiebel und Knoblauch schälen und hacken. Petersilie zupfen, waschen, trocknen und hacken. Lammhackfleisch mit Zwiebel und Knoblauch, Petersilie, Reis, etwas Olivenöl und Ei zu einem geschmeidigen Teig verkneten.
Mit Salz, Pfeffer, Thymian und Dill abschmecken. Aus dem Fleischmasse kleine Portionen abstechen, in Eiergröße formen und mit der Hand etwas platt drücken.
Mit dem restlichen Olivenöl bepinseln und auf dem Tischgrill oder dem heißen Stein ca. 10-12 Minuten braten. Für die Sauce Petersilie zupfen, waschen und trocknen.
Mit Vollmilchjogurt, Olivenöl und Zitronensaft verrühren. Knoblauch schälen, durchpressen und zum Jogurt geben.
Jogurtsauce salzen, pfeffern, verrühren und bis zum Gebrauch in den Kühlschrank stellen. Zucchini waschen und in 0,5 cm Scheiben schneiden. Auf beiden Seiten salzen und pfeffern.
Den vorgeheizten Tischgrill oder heißen Stein mit etwas Öl bepinseln und darauf die Zucchinischeiben knusprig braten. Die gekühlte Jogurtsauce über die gebratenen Zucchinischeiben löffeln.

Bratkartoffel

Dauer: 45 Minuten

Portionen: Für drei Personen

Zutaten:
500g Kartoffeln
2 Knoblauchzehen
4 Zweige Rosmarin
50ml Öl
1 Prise Salz
1 Prise Pfeffer
2 Esslöffel Zitronensaft
1 Esslöffel Honig
1 Esslöffel Senf

So wird es gemacht:
Kartoffeln putzen und in Salzwasser gar kochen.
In der Zwischenzeit Knoblauch schälen, waschen und fein hacken. Rosmarin waschen, abzupfen und klein hacken. Die restlichen Zutaten, bis auf die Kartoffeln, in eine Schüssel geben und miteinander vermengen. Zu einer Marinade verarbeiten.
Kartoffeln schälen, in die Marinade geben und für einige Stunden zugedeckt ziehen lassen.
Mit Holzspießen die Kartoffel aufspießen und anschließend auf dem Grill von allen Seiten leicht goldbraun anbraten.

Falafel Burger

Zutaten:
4 Burgerbrötchen
halbe Salatgurke
4 Salatblätter
2 Tomaten
2 EL milder Joghurt
2 TL Zitronensaft
150 g Kichererbsen
150 g Bohnen
2 Knoblauchzehen
viertel TL Kreuzkümmel gemahlen
3 EL Mehl
2 Stiele Petersilie
4 Stiele Koriander
2 Stiele Minze
Salz
Pfeffer

Zubereitung:
Die Zubereitung unterteilt sich hier in zwei Schritte: 1. Zubereitung der Falafel. 2. Zusammensetzen des Burger.

Zuerst die getrockneten Kichererbsen waschen und über Nacht einweichen.
Sollte die Zeit knapp sein, können alternativ auch Kichererbsen aus der Dose benutzt werden. Hier ist kein Einweichen mehr nötig.

Danach die Kichererbsen mit den Bohnen in eine Schüssel geben und gut pürieren.
Als nächstes den Knoblauch und die frischen Kräuter kleinhacken und ebenfalls in der Schüssel mit unterrühren.
Das Mehl und der Kreuzkümmel können danach ebenfalls zum Unterrühren in die Schüssel gegeben werden. Dann alles gut mit Salz und etwas Pfeffer abschmecken.
Danach aus dem Püree kleine Bällchen formen.
Auch wenn ein Falafel üblicherweise frittiert wird könne sie auch genau so gut gegrillt werden. Dafür die Bällchen etwas Plattdrücken und bei nicht allzu heißer direkter Hitze von beiden Seiten etwa 4 Minuten grillen.

Nun haben wir alle wichtigen Bestandteile für die Burger.
Dafür noch einmal kurz den Salat waschen und die Salatgurke und die Tomaten in kleine Scheiben schneiden. Danach muss der Zitronensaft unter den Joghurt gemischt werden.
Die Burgerbrötchen währenddessen noch kurz auf den Grill anwärmen und danach mit dem Belegen beginnen. Zuerst der mit Salatblättern, Tomaten und der Gurke beginnen.
Danach mit der Falafel belegen. Oben auf die Falafel dann noch etwas Joghurt geben.
Der Joghurt verleiht dem Burger dann noch eine zusätzliche Frische.

Amerikanischer Burger – Andere Variante

Dauer: 40 Minuten

Portionen: Für zwei Personen

Zutaten:

500g Rinderhackfleisch

2 Scheiben Tomaten

2 Blätter Eisbergsalat

2 Scheiben Gurke

2 EL Röstzwiebel

2 Burgerbrötchen

4 Scheiben Bacon

2 Scheiben Schmelzkäse

1 Prise Salz

1 Prise Pfeffer

1 Prise Paprikapulver

1 Prise Knoblauchpulver

1 Prise Worcestersauce

2 EL Tomatenketchup

2 EL Senf

So wird es gemacht:

Zwiebel schälen, waschen und fein würfeln.
Rinderhackfleisch mit Zwiebeln, Salz, Pfeffer,
Paprikapulver, Chilipulver, Worcestersauce und
Knoblauchpulver in eine Schüssel geben und zu einer
homogenen Masse verarbeiten. Hände leicht
anfeuchten und aus der Masse zwei Buletten formen.
Die Buletten für 10 Minuten auf dem Grill anbraten.
Bacon auf dem Grill anrösten.
Burger halbieren und auf dem Grill anrösten.
Mit Tomatenketchup und Senf bestreichen. Mit dem
Gemüse, dem Käse und der Bulette belegen und warm
genießen.

Kartoffel-Wurstspießchen

Zutaten für 4 Personen

12 Nürnberger Bratwürstchen
400 g bissfest gegarte Kartoffeln
100 g Bacon in Scheiben
Oliven zum Bestreichen
500 g Frühlingszwiebeln
2-3 EL Butter
100 ml Gemüsebrühe
Prise Salz und Pfeffer
Prise Zucker
Grilltomaten
Etwas frisch gehackte Kräuter

Zubereitung:

Die Bratwürstchen mit den halbierten, in Speckscheiben gewickelten Kartoffeln abwechselnd auf Spieße stecken
Sie Spieße mit Olivenöl bestreichen und in die Pfanne oder auf dem Grill garen.
Die Frühlingszwiebeln waschen und in mundgerechte Stücke schneiden. In einer Pfanne mit der Butter kurz dünsten
Die Gemüsebrühe angießen, die Pfanne verschließen und die Frühlingszwiebel darin 5-6 Minuten garen. Frühlingszwiebeln mit Salz, Pfeffer und Zucker abschmecken und dekorativ anrichten.

Die Kartoffel-Wurstspießchen auf die Frühlingszwiebeln legen und die Grilltomaten dazugeben. Das Ganze mit gehackten Kräutern bestreuen, garnieren und sofort servieren.

Lendensteaks mit ummantelte Bananen

Zutaten für 4 Personen:

8 Schweinelendchen á ca. 80 g
Salz
frisch gemahlener weißer Pfeffer
Saft von ½ Zitrone
Saft von ½ Orange
4 EL Erdnussöl
2 EL Honig
4 Bananen
4 Scheiben Gouda
8 Streifen Räucherspeck

Zubereitung:

Die Schweinelendchen salzen, pfeffern und mit Zitronensaft beträufeln. Orangensaft mit Erdnussöl und Honig verrühren und die Steaks von beiden Seiten damit bepinseln.
Bananen schälen, der Länge nach halbieren und aufklappen. Käsescheiben passend zu den Bananen schneiden.
Die Bananenhälften mit dem Käse belegen, wieder zu klappen (So, dass Sie wieder 4 Bananen haben). Jede Käsebanane mit einem Streifen Speck umwickeln.

Die Schweinelendchen und Bananenstücke in eine oder zwei Grillschalen legen und unter mehrmaligem Wenden in etwa 10-15 Minuten knusprig grillen.

Lammkeule mit Honig-Senf-Sauce

FÜR 6 BIS 8 PERSONEN
ZUBEREITUNGSZEIT: 15 MIN.
GRILLZEIT: 30 BIS 40 MIN.

ZUTATEN FÜR DIE HONIG-SENF-SAUCE:

150 g Mayonnaise
4½ EL Honig
3 EL mittelscharfer Senf
3 EL Zitronensaft
1½ EL Dijon Senf
Salz und Pfeffer

1,25 kg ausgelöste Lammkeule, flach aufgeschnitten (Schmetterlingsschnitt), überschüssiges Fett entfernt
3 EL Olivenöl
1 EL grobes Meersalz
1½ TL schwarzer Pfeffer

Die Zutaten für die Honig-Senf-Sauce in einer kleinen Schüssel vermischen. Beiseitestellen.
Das Lammfleisch auf allen Seiten mit Öl bestreichen und gleichmäßig
mit Salz und Pfeffer würzen. 20 Min. ruhen lassen.
Den Gasgrill für direkte und indirekte mittlere Hitze (180–230 °C) erhitzen.

Das Lammfleisch über direkter mittlerer Hitze bei geschlossenem Deckel 10 bis 15 Min. grillen, dabei einmal wenden, bis es auf beiden Seiten gut gebräunt ist. Anschließend über indirekter mittlerer Hitze bei geschlossenem Deckel bis zum gewünschten Gargrad fertig grillen, 20 bis 30 Min. für rosa/rot bzw. medium rare. Fleisch vom Gasgrill nehmen und 10 Min. ruhen lassen.
Lammfleisch quer in 0,5 cm dicke Scheiben schneiden und warm mit der Honig-Senf-Sauce servieren.

Olivenpaté

200 g schwarze oder grüne Oliven, entkernt
1 Avocado, geschält, entkernt
1 Knoblauchzehe, gepresst
4 EL Olivenöl
Salz und Pfeffer zum Abschmecken
Alle Zutaten in einem Hochleistungsmixer zu einem cremigen Mus pürieren und mit Salz und Pfeffer abschmecken.

Kartoffel - Spieße für den Grill

Dauer: 100 Minuten

Portionen: Für acht Personen

Zutaten:
2 Teelöffel Erdnussöl
2 Teelöffel Olivenöl
1 Esslöffel Sojasauce
2 Teelöffel Balsamico
1 Teelöffel Kümmel
1 Teelöffel Majoran
400g Kartoffeln
1 grüne Paprikaschoten
8 Champignons
100g Zwiebeln
8 Kirschtomaten
1 Prise Salz

So wird es gemacht:
Erdnussöl, Olivenöl, Sojasauce, Balsamico und Gewürze in eine Schüssel geben und miteinander verquirlen. Für eine Stunde im Kühlschrank ziehen lassen.
Kartoffeln in kochendem Salzwasser gar kochen. Abkühlen lassen, schälen, in Scheiben schneiden und salzen. Paprika waschen, putzen, entkernen und in Würfel schneiden. Champignons putzen, Stiele entfernen und halbieren. Zwiebel schälen, waschen

und in dicke Scheiben schneiden. Kirschtomaten waschen und halbieren.

Alle Zutaten abwechselnd aufspießen und für 15 Minuten auf den Grill geben. Nach sieben Minute mit der Marinade bestreichen. Mit Salz abschmecken und warm genießen.

gegrilltes Lachskotelett

Zutaten:

1 Bund Kerbel
1 Knoblauchzehe
4 Lachskoteletts
2 TL Beeren
2 TL Pfeffer
3 EL Zitronensaft
4 Zitronenscheiben
Meersalz

Zubereitung:
Grill anheizen
Kerbel und Knoblauchzehe abwaschen
Knoblauchzehe zu in Scheiben schneiden
Fischkoteletts mit Beeren, Pfeffer, Zitronensaft, Zitronenscheiben, Kerbel, Knoblauch und Meersalz verfeinern
das ganze in Alufolie einwickeln
anschließend auf den Grillrost legen und 15 Minuten garen

Marinierte Putenschnitzel

Zutaten für 4 Personen

4 Putenschnitzel (a 180 g)
2 Knoblauchzehen
1 kleine rote Chilischote
1 Stück Ingwer
100 – 125 ml Sojaöl
3 EL Sojasauce
1 EL Honig
3 EL Orangensaft
Kräuterzweige zum Garnieren

Zubereitung:

Die Putenschnitzel mit Wasser abspülen und in einer Schüssel geben. Die Knoblauchzehen schälen und klein hacken. Die Chilischote waschen und dünne Ringe schneiden. Den Ingwer schälen und klein schneiden. Den Honig, den Orangensaft, das Sojaöl und die Sojasauce vermischen und den Ingwer, den Knoblauch, den Chili unterrühren.
Die Putenschnitzel mit der Marinade bestreichen und im Kühlschrank für mindestens 2 Stunden ziehen lassen. Anschließend auf den Grill legen und garen.

Ražnjići mit Gemüsepaste

Zutaten für 4 Personen:

400 g Schweinefleisch
400 g Kalbfleisch
Salz und frisch gemahlener Pfeffer
125 ml Öl
Lorbeerblätter

Für die Gemüsepaste:

2 Auberginen
rote und
Je 2 rote und grüne Paprikaschoten
1 Knoblauchzehe
Salz und Cayennepfeffer
Essig

Zubereitung:

Fleisch in Stücke schneiden, salzen, pfeffern, mit Öl übergießen und zugedeckt einige Stunden kalt stellen. Danach abwechselnd Schweine- und Kalbfleischwürfel auf Spieße stecken und dazwischen jeweils ein kleines Lorbeerblatt.

Die Grillspieße für 15-20 Minuten grillen und gelegentlich mit etwas Öl beträufeln. Sehr gut passt außer der Gemüsepaste auch ein frisch zubereiteter, einfacher Tomatensalat.

Auberginen und Paprikaschote im Backofen backen und die Haut danach abziehen. Gemüse in einer Schüssel zu Brei verarbeiten.

Den Knoblauch schälen und zerdrücken. Den Gemüsebrei mit Knoblauch, Salz und Cayennepfeffer pikant abschmecken und mit Essig und Öl zu einer geschmeidigen Paste verrühren.

Tomaten-Salat mit Avocado und Hähnchenstreifen

4 Hähnchenbrustfilets, je etwa 175 g
800 g Kirschtomaten, halbiert
250 ml Milch
50 g Parmesan
1 Avocado
1 Bio-Limette
2 EL Senf, mittelscharf
2 EL Weißweinessig
1 Dose Kichererbsen
8 EL Olivenöl
½ Bünde Petersilie, fein gehackt
½ Salatgurke, halbiert, Kerngehäuse entfernen und in Würfel schneiden.
½ Bünde Schnittlauch
1 EL Piment, gemahlen
1 TL Kreuzkümmel, gemahlen
1 TL Kardamom, gemahlen
Salz und Pfeffer

ZUBEHÖR:
STABMIXER

Kichererbsen gut abtropfen. 2 EL Öl in einer Pfanne erhitzen. Kichererbsen und Gewürze hinzufügen. Beiseitestellen.

Den Gasgrill für direkte mittlere Hitze (180–230 °C) erhitzen.
Die Brustfilets auf beiden Seiten dünn mit Öl bestreichen und
gleichmäßig mit Salz und Pfeffer würzen.
Die Hähnchenfilets mit der glatten Seite nach unten über direkter
mittlerer Hitze bei geschlossenem Deckel 8–12 Min. grillen, bis sie sich auf Druck fest anfühlen und das Fleisch im Kern nicht mehr glasig ist, dabei ein- bis zweimal wenden. Hähnchenfilets vom Gasgrill nehmen längs in Streifen schneiden und 5 Min. ruhen lassen.
Avocado halbieren, Stein entfernen und Fruchtfleisch mit einem Löffel aus der Schale lösen. Limette mit heißem Wasser abwaschen und die Schale von einer Hälfte fein abreiben. Schnittlauch waschen und in feine Röllchen schneiden. Avocado, Limettenschale, Senf, Essig, 6 EL Olivenöl und Milch in einen Standmixer geben und so lange pürieren bis eine homogene Masse entsteht. Mit Salz und Pfeffer abschmecken. Schnittlauch unterheben.
Kichererbsen, Petersilie und Tomaten miteinander vermengen und auf Teller verteilen. Hähnchenstreifen auf die Teller aufteilen. Käse fein hobeln und den Salat damit bestreuen. Vinaigrette darüber träufeln.

Fetasalat

600 g Feldsalat
250 g Feta, mit einer Gabel zerdrückt
6 große Tomaten, ohne Stielansatz, gewürfelt
2 Paprikaschoten, entkernt, in feine Streifen geschnitten
1 Stange Staudensellerie, in feine Streifen geschnitten
1 Handvoll frischer Schnittlauch, fein gehackt
Salz, Pfeffer
etwas Distelöl
Die Tomatenwürfel und Paprika in etwas Alufolie verpacken und ca. 10 Minuten von allen Seiten auf dem Grill weich garen lassen. Danach abkühlen lassen.
Alle Zutaten miteinander in einer großen Schüssel vermischen, und mit den Gewürzen und Öl nach Belieben abschmecken.

Sommer-Grill-Salat

Dauer: 10 Minuten

Portionen: Für sechs Personen

Zutaten:
6 Tomaten
3 Paprikaschoten
1 Salatgurke
1 Dose Mais
1 Dose Kidneybohnen
1 Esslöffel Olivenöl
1 Esslöffel Balsamico
1 Prise Salz
1 Prise Pfeffer
1 Prise Kräuter der Provence

So wird es gemacht:
Tomaten waschen, Strunk entfernen und in Würfel schneiden. Paprikaschote waschen, längs halbieren, entkernen und würfeln. Gurke waschen, schälen und fein würfeln. Mais und Kidneybohnen abwaschen und abtropfen lassen. Das Gemüse in eine Schüssel geben und miteinander vermengen.
Die restlichen Zutaten in eine Schüssel geben und zu einem Dressing verarbeiten. Das Dressing über das Gemüse beträufeln und kräftig umrühren.

fruchtige Entenspieße

Zutaten:

2 Entenbrüste
250 g Ananasfruchtfleisch
1 Paprikaschote (rot)
1 Chilischote
1 EL Honig
1 EL Erdnussöl
1 EL Sojasauce (hell)
Pfeffer
Salz

Zubereitung:
Entenbrüste waschen und würfeln
Ananasfruchtfleisch klein schneiden
Paprika waschen, putzen und in Quadrate scheiden
Chili waschen in zu Ringen verarbeiten
Chiliringe, Honig, Öl, Sojasauce, Salz und Pfeffer vermengen
Entenbrust, Ananas und Paprika auf Spieße verteilen mit Marinade bestreichen
Spieße für ungefähr 5 Minuten auf den Grill geben abschließend erneut einpinseln

Steak mit Honig

Zutaten für 4 Personen

4 Rindersteaks (á 120 g)
4 Schweinenackensteaks (á 120 g)
Prise Pfeffer und Salz
1 EL Paprikapulver, edelsüß
2 EL Olivenöl
2 Knoblauchzehen
1 EL grob geschroteter Pfeffer
Je 1-2 Zweige Rosmarin und Thymian einige
Einige Basilikumblättchen
2 EL Honig
2 EL Olivenöl
4 Portionen Kräuterbutter
Kräuterzweige zum Garnieren

Zubereitung:

Die Steaks unter fließendem Wasser waschen, abtrocknen, mit Pfeffer, Salz und Paprikapulver würzen.
Die Steaks mit Olivenöl beträufeln und kurz durchziehen lassen.
Die Knoblauchzehen schälen, fein hacken und mit dem geschroteten Pfeffer in eine Schüssel geben.
Die Kräuter waschen, fein hacken, mit dem Honig und dem Olivenöl zum Knoblauch geben und alles gut vermischen.

Die Steaks auf den Grill oder in eine Pfanne garen und kurz vor Garende mit der Marinade bestreichen.
Die Grillsteaks dekorativ anrichten, mit je einer Portion Kräuterbutter belegen, mit Kräuterzweigen garnieren und mit Grilltomaten, gegrillten Maiskolben, einem Schichtsalat und Saucen nach Wahl servieren.

Marinierte Hähnchenschenkel

Zutaten für 3-4 Personen:

12 Hühnerschenkel
Salz und frisch gemahlener weißer Pfeffer
1 Prise edelsüßes Paprikapulver
1 EL brauner Zucker
2 EL dunkle Sojasauce
Saft von ½ Zitrone
Saft von 1 Orange
125 ml Pflanzenöl
2 Knoblauchzehen
1 Prise Cayennepfeffer

Zubereitung:

Hühnerschenkel waschen und trocknen. Mit Salz, Pfeffer und Paprika von allen Seiten einreiben. Zucker mit Sojasauce, Zitronen- und Orangensaft und Pflanzenöl verrühren.
Den Knoblauch schälen und durch eine Presse in das Öl drücken. Mit Cayennepfeffer abschmecken.
Hühnerschenkel mit dem Grillöl von allen Seiten einpinseln und in eine Grillwanne legen.
Für ca. 20 Minuten unter mehrmaligem Wenden und Nachpinseln in garen.

Spinatsalat mit Zitronentofu

ZUTATEN FÜR DEN SALAT:

7 Handvoll Babyspinat
4 Handvoll Kirschtomaten, geviertelt
2 Avocado, entkernt und gewürfelt
20 Blätter Basilikum, fein geschnitten
8 Teelöffel Kürbiskerne

ZUTATEN FÜR DAS DRESSING:
360 ml Olivenöl
120 ml Balsamico-Essig
2 EL Ahornsiup
1 TL Pfeffer
1 TL Salz
ZUTATEN FÜR DEN ZITRONENTOFU:

3 EL Olivenöl
1,2 kg Tofu
2 Zitrone
8 TL Ahornsiup
3 Zweig Oregano
4 Zweig Thymian
4 Zweig Rosmarin
2 TL Salz

Zitronenschale abreiben und Zitrone auspressen. Mit Ahornsirup und Salz vermischen. Thymian, Rosmarin und Oregano von den Stängeln zupfen und unter die Marinade mischen. Tofu in Dreiecke schneiden und mit der Zitronen-Marinade marinieren. 30 Minuten ziehen lassen.
Zutaten für den Salat in eine Große Salatschüssel geben. Für das Dressing alle Zutaten miteinander mischen und mit dem Salat vermengen. Kürbiskerne darüber streuen.
Zitronen-Marinade vorsichtig abstreifen und den Tofu von beiden Seiten in Olivenöl knusprig anbraten. Tofuschnitten auf dem Salat verteilen und warm servieren.

Jalapeños Burger

Dauer: 60 Minuten

Portionen: Für sechs Personen

Zutaten:
600g Rinderhackfleisch
1 Essiggurke Öl
1 Zwiebel
3 Jalapeños
6 Knoblauchzehen
2 Teelöffel Thymian
2 Teelöffel Oregano

1 Ei
1 Flasche Bier
1 Prise Petersilie
1 Prise Salz
1 Prise Pfeffer
6 Burgerbrötchen

So wird es gemacht:
Zwiebel schälen, waschen und in Streifen schneiden. Knoblauch schälen, waschen und in Streifen schneiden. Jalapeños waschen, längs halbieren, entkernen und klein schneiden. Öl in einer Pfanne erhitzen und Zwiebeln, Knoblauch, Jalapeños, Thymian und Oregano darin glasig andünsten. Anschließend abkühlen lassen. Ei und Hackfleisch in einer Schüssel miteinander vermengen. Nach und nach das Bier dazugeben und zu

einer homogenen Masse verarbeiten. Gehackte Petersilie, Salz und Pfeffer untermengen und wieder gut vermischen.

Die Hände anfeuchten und aus der Masse sechs Burger formen.

Burger auf dem Grill für zehn Minuten grillen.
Brötchen halbieren, mit Zwiebelmasse belegen und dann die Bulette drauf geben, zuklappen und warm genießen.

Jerk Chicken

Zutaten:
6 Hähnchenkeulen
1 große Zwiebel
100 ml Orangensaft
100 ml Limettensaft
Ingwer
2 rote Chilischoten
2 Knoblauchzehe
1 TL Piment
50 ml Sojasauce

Zubereitung:
Als erstes kümmern wir uns hier für die Zubereitung der Marinade.
Dafür die Zwiebel, den Knoblauch, den Ingwer sowie die Chilischoten zerkleinern.
Bei dem Zerkleinern der Chilischoten ist Vorsicht geboten. Ich empfehle die Nutzung von Handschuhen.
Alles dann zusammen in eine Schüssel mit den Orangensaft und dem Limettensaft geben und mit etwas Sojasauce verrühren. Am Ende mit Piment würzen.

Jetzt können wir mit den Hähnchenkeulen weitermachen.
Dafür die Keulen in die Marinade legen, sodass alles schön bedeckt ist.

Dann alles für mindestens zwei Stunden in den Kühlschrank stellen und abkühlen lassen.
In der Zwischenzeit kann der Grill schon einmal vorgeheizt werden.
Bei direkter Hitze dann ca. 15 Minuten grillen.
Zwischendurch einige male wenden, sodass die Keulen gleichmäßig von allen Seiten gegrillt werden. Die Marinade die überbleibt kann in eine kleine Schüssel gegeben werden und ebenfalls auf den Grill gestellt werden um erhitzt zu werden. Sie kann dann am Ende zu den fertigen Keulen aufgestellt werden und als Dip benutz werden.

Hähnchen Spieße mit Papaya

Zutaten:
220 Gramm Hähnchenbrust
4 EL Teriyaki-Sauce
1 Knoblauchzehe
2 EL Balsamico
2 EL Olivenöl
2 Papaya
2 rote Zwiebeln
Salz
Pfeffer

Zubereitung:
Zu Beginn die Hähnchenbrustfilets in grobe Stücke schneiden. Danach den Knoblauch zerdrücken und mit Teriyakisauce, Olivenöl. Balsamicoessig und etwas Salz und Pfeffer verrühren. Dann das geschnittene Hähnchenfleisch darin für ca. 1 Stunde marinieren. Dafür kann die Schale mit den Hähnchenstreifen auch in den Kühlschrank gelegt werden. Dann die zwei Papaya entkernen und in grobe Würfel schneiden. Die Zwiebel in Spalenten schneiden.

Dann auf die 5 Spieße abwechselnd Hähnchenbruststücke, Papayastücke und Zwiebelspalten stecken. Das Ganze muss dann nur noch für ca. 20 Minute auf dem Grill garen und dabei einige Male gewendet werden, sodass alle Seiten gleichmäßig viel Hitze abbekommen.

Hirschspieße vom Grill

Zutaten für 4 Personen

1,2 kg Damhirschfilet
Prise Salz und Pfeffer
1 Tasse Olivenöl
1 Knoblauchzehe
1 TL Salz
1 EL Kräuter der Provence
1 Zweig Thymian
1 Zweig Rosmarin
1 TL Wachholdererdbeeren
1 TL Pfefferkörner
1 Zucchino
2 gelbe Spitzpaprikaschoten
150 g Räucherspeck
Rosmarin zum Garnieren

Zubereitung:

Das Filet unter fließendem Wasser waschen, trocknen und in mundgerechte Würfel schneiden. Mit Pfeffer und Salz würzen und in eine Schüssel geben.
Das Olivenöl mit der im Salz zerriebenen Knoblauchzehe, den Kräutern der Provence, dem Thymian, dem Rosmarin, den geschroteten Wacholdererdbeeren und Pfefferkörnern verrühren, über das Fleisch geben und für 2 Stunden in den Kühlschrank stellen.

Die Zucchini waschen und in Scheiben schneiden. Die Paprikaschoten halbieren, entkernen, waschen und in mundgerechte Stücke schneiden. Den Räucherspeck in dünne Scheiben schneiden.
Das Filet mit dem Gemüse und dem Speck abwechselnd auf die Spieße stecken. Mit der restlichen Marinade bestreichen und die Spieße auf dem Grill geben.
Die Damhirschspieße anrichten, mit Rosmarin garnieren, mit Grilltomaten und Folienkartoffeln mit Kräuterquark servieren.

Fischplatte mit Krebsbutter

Zutaten für 5-6 Personen:

Je 2 Küchenfertige Makrelen und Forellen
Salz und frisch gemahlener weißer Pfeffer
200 g gemischte Meeresfrüchte (z.B. Krabben)
200 g Fisch (z.B. Tunfisch, Tintenfisch, Aal)
1 Bund frische gemischte Kräuter (Oregano, Basilikum, Schnittlauch)
½ Bund Petersilie
5 Knoblauchzehen
4 unbehandelte Zitronen
100 ml Olivenöl
50 ml Weißwein
50 g Mandelblättchen

Für die Krebsbutter:

100 g gepresstes Krebsfleisch
Saft von ½ Zitrone
2 cl Noilly Prat oder Wermut
1 Spritzer Tabasco
125 g weiche Butter
Etwas Salz
1 Prise Cayennepfeffer

Zubereitung:

Die ganzen sowie die einzeln Fische und Meeresfrüchte unter kaltem Wasser gründlich waschen. Leicht salzen, pfeffern und jeden Fisch einzeln auf ein großes Stück Alufolie legen.

Die Kräuter zupfen, waschen, trocknen. Die Petersilie waschen und ganz lassen. Den Knoblauch schälen und hacken. 2 Zitronen auspressen. In einer Schüssel Kräuter, Knoblauch, Zitronensaft, Olivenöl und Weißwein vermischen.

Die anderen beiden Zitronen waschen, trocknen und in Scheiben schneiden. Die ganzen Fische mit Zitronenscheiben und Petersilien füllen. Mit etwas Kräutermarinade bepinseln und locker in den Folien verpacken.

Die Meeresfrüchte-Fisch-Stücke mit der restlichen Kräutermarinade und den Mandelblättchen vermengen. Auf 4 Stücke Alufolie verteilen und einhüllen. Die Fische auf dem Grillrost je nach Größe etwa 20 Minuten garen; die Meeresfrüchte-Fisch-Stücke entsprechend kürzer.

Für die Krebsbutter: Krebsfleisch fein hacken. Mit Zitronensaft, Noilly Prat oder Wermut und Tabasco in die Butter einrühren. Mit Dill, Salz und Cayennepfeffer abschmecken.

Die Krebsbutter in einen Spritzsack füllen und auf einen Teller Rosetten aufspritzen. Im Gefrierschrank etwas hart kühlen oder, wenn mehr Zeit ist, im Kühlschrank steif werden lassen.

Spareribs

FÜR 4 PERSONEN
ZUBEREITUNGSZEIT: 30 MIN.
GRILLZEIT: ETWA 1 ½ STD.

ZUTATEN FÜR DIE WÜRZPASTE:

80 ml Olivenöl
4 EL trockener Weißwein
1 EL fein gehackte frische Thymianblätter
1 EL Fenchelsamen
2 TL zerstoßene rote Chiliflocken
2 EL zerdrückter Knoblauch
2 EL frische Oreganoblätter, fein gehackt
1 EL frische Rosmarinnadeln, fein gehackt
1 TL schwarzer Pfeffer
1 EL grobes Meersalz

2 Spareribs (Schälrippen), nach St.-Louis-Art vorbereitet (Fleischlappen
auf der Knochenseite und an den seitlichen Enden sowie Brustrippchen
am unteren Ende entfernt), je etwa 1,5 kg

ZUBEHÖR:
EXTRABREITE (44 CM) UND EXTRASTARKE ALUFOLIE

Die Zutaten für die Würzpaste in einer kleinen Schüssel vermengen.

Den Gasgrill für direkte mittlere Hitze (180–230 °C) erhitzen.

Die dünne Haut von den Rippen abziehen (dazu, am Ende der Rippe ein Tafelmesser unter die Haut am Knochen schieben. Anheben und lockern, bis sie reißt. Eine Ecke mit Küchenpapier festhalten und die Haut möglichst an einem Stück abziehen). Rippen halbieren und jede Hälfte gleichmäßig mit Würzpaste bestreichen. Acht etwa 50 cm lange Stücke extrabreite Alufolie zuschneiden. Die Rippenstücke jeweils in eine doppelte Lage Folie einwickeln und die Folie gut verschließen.

Die Folienpakete über indirekte mittlere Hitze legen und die Spareribs 1½ Std. Bei geschlossenem Deckel in der Folie grillen. Ab und zu wenden, dabei möglichst keine Löcher in die Folie reißen.

Die Folienpakete vom Grill nehmen und die Spareribs darin etwa
10 Min. ruhen lassen. Folie vorsichtig öffnen, Rippenstücke aus dem
Fett heben und mit der Knochenseite nach unten zurück auf den Gasgrill legen. Über direkter mittlerer Hitze bei geschlossenem Deckel in 10–12 Min. braun und knusprig werden lassen, dabei ein- bis zweimal wenden. Vom Gasgrill nehmen und etwa 5 Min. ruhen lassen. In einzelne Ribs teilen und warm servieren. Nach Belieben Salat dazu reichen.

Orangen-Rucola-Salat mit Gorgonzola

3 Orangen, geschält, entkernt, gewürfelt
350 g Rucola
200 g Gorgonzola, mit einer Gabel zerdrückt
6 EL Olivenöl
1 EL Rotweinessig
½ TL Honig
Salz, Pfeffer

Die Orangen mit dem Käse in Alufolie einwickeln und auf dem Grill für ca. 5 Minuten von allen Seiten weich braten. Der Käse sollte etwas geschmolzen sein.
Danach abkühlen lassen.
Für das Dressing das Olivenöl, den Rotweinessig und Honig verquirlen und mit etwas Salz und Pfeffer abschmecken.
Die restlichen Zutaten gut in einer großen Salatschüssel miteinander vermengen und das Dressing darüber leeren.

Grillsteak

Dauer: 30 Minuten

Portionen: Für vier Personen

Zutaten:

Für den Kochsud:
4 Sojasteaks
2 L Wasser
3 Esslöffel Gemüsebrühe-Pulver
2 Esslöffel Paprikagewürz
1 Prise Salz
1 Prise Pfeffer

Für die Marinade:
1 Prise Salz
1 Prise Pfeffer
1 Teelöffel Bratöl
1 Teelöffel Paprikagewürz
1 Teelöffel Sojasauce
1 Teelöffel Petersilie
1 Teelöffel Gewürzmischung
1 Teelöffel Sojamehl
1 Teelöffel Chilipulver
Bohnenkraut

So wird es gemacht:

Für den Kochsud: 2 L Wasser kochen und Gemüsebrühe dazugeben und rühren. Steaks 15 Minuten in die Gemüsebrühe geben. Anschließend Fleisch trocknen.
Für die Marinade: Alle Zutaten für die Marinade zu einer Sauce verrühren. Steaks darin marinieren. 24 Stunden ziehen lassen.
Anschließend auf dem Grill von beiden Seiten knusprig anbraten.

Bärlauch – Focaccia

Zutaten:
10 g Hefe
325 ml Wasser
350 g Dinkelmehl
150 g Einkornmehl
50 g Bärlauch
Salz
Olivenöl

Zubereitung:
Hefe in Wasser auflösen
aus allen Zutaten (außer Olivenöl) einen Teig anfertigen
1 Stunde warten
Teig erneut kneten und Fladen formen
Vertiefungen machen und mit Öl bestreichen
kurz auf den Grill legen
gelegentlich wenden

Hähnchen-Ananas-Spieße

Zutaten für 6 Spieße

12 Holzspieße
1 EL Sesamsaat
4 EL Honig
2 EL Limettensaft
¼ Ananas (400 g)
1 rote Paprikaschote
300 g Hähnchenbrustfilet
3 EL Öl
Prise Salz

Zubereitung:

Holzspieße für 20 Minuten im kalten Wasser einweichen. Sesamsaat in einem Topf goldgelb rösten. Topf vom Herd nehmen, Honig und Limettensaft unterrühren.
Ananas schälen und den Strunk entfernen. Ananasfleisch in ca. 1 cm dicke Stücke schneiden. Paprika vierteln, waschen und in 3 cm große Stücke schneiden.
Hähnchenbrustfilets in 3 cm große Würfel schneiden. Ananas, Paprika und Fleisch abwechselnd auf jeweils 2 Spieße stecken. Sodass am Ende 6 Spieße entstehen. Spieße auf einen großen Teller legen, rundum mit Öl beträufeln und salzen.

Spieße auf den Grill geben und von jeder Seite 5-8 Minuten grillen. Mit der Honigmarinade bestreichen und unter Wenden 1 weitere Minuten grillen.

Gefüllter Barsch

Zutaten für 4 Personen:

4 mittelgroße küchenfertige Barsche
Salz und frisch gemahlener weißer Pfeffer
Saft von 1 Zitrone
½ Bund Petersilie
½ Stange Lauch
250 g
250 g frische Champignons
1 EL Butter
4 EL trockener Weißwein
100 ml süße Sahne
1 EL geriebener Parmesan
5 EL Olivenöl

Zubereitung:

Fische gründlich unter kaltem Wasser waschen und trocknen. Innen und außen leicht salzen, pfeffern und mit Zitronensaft beträufeln. Petersilie von den Stängeln zupfen, waschen, trocknen, und beiseite stellen.
Grün vom Lauch wegschneiden, das Weiße der Länge nach halbieren, waschen und in dünne Streifen schneiden.

Champignons waschen und feinblättrig schneiden. Butter heiß schäumend erhitzen und darin Lauchstreifen und Champignons andünsten.

Sobald der Pilzsaft aufgesogen ist, Petersilie einstreuen und Weißwein dazugießen. Sahne mit Käse verrühren und in die Pilzpfanne geben. Mit Salz und Pfeffer gut würzen.

Auf einer Arbeitsfläche 4 große Stücke Alufolie zurechtlegen und mit Olivenöl bepinseln. Barsche auf der Folie mit der Pilzmischung füllen und sorgfältig verpacken. Päckchen auf den Grill legen, nochmals wenden und in ca. 20 Minuten garen.

Hähnchen mit gegrillten Maiskolben

FÜR 4 PERSONEN
ZUBEREITUNGSZEIT: 15 MIN.
GRILLZEIT: 10 BIS 15 MIN.

4 Hähnchenbrustfilets, je etwa 180 g
4 Maiskolben, Hüllblätter entfernt
65 g Butter
2 große Knoblauchzehen, zerdrückt
1 EL frische Rosmarinnadeln, fein gehackt
2 Stangen Thymian, fein gehackt
2 EL Olivenöl
½ TL grobes Meersalz
¼ TL schwarzer Pfeffer

Den Gasgrill für direkte mittlere Hitze (180–230 °C) erhitzen.
Knoblauch und Butter in einer kleinen Schüssel mit einer Gabel gut
vermischen. Beiseitestellen.
Die Brustfilets auf beiden Seiten dünn mit Öl bestreichen und
gleichmäßig mit Rosmarin, Thymian, Salz und Pfeffer würzen.
Die Hähnchenfilets mit der glatten Seite nach unten über direkter

mittlerer Hitze bei geschlossenem Deckel 8–12 Min. grillen, bis sie
sich auf Druck fest anfühlen und das Fleisch im Kern nicht mehr glasig ist, dabei ein- bis zweimal wenden. Gleichzeitig den Mais über direkter mittlerer Hitze 10–15 Min. grillen, dabei mehrmals wenden, bis die Körner rundherum stellenweise braun sind. Hähnchen und Mais vom Gasgrill nehmen, das Fleisch 5 Min. ruhen lassen. Maiskolben mit der Knoblauchbutter bestreichen und mit den Hähnchenfilets servieren.

Tofu auf orientalische Art

700 g Tofu, in feine Scheiben geschnitten
2 Zwiebeln, fein gehackt
3 EL weißer Sesam, gemahlen
½ Handvoll frischer Koriander, fein gehackt
5 EL Sojasoße
2 TL Sesamöl
3 EL Chilipulver, gemahlen
1 TL Ingwer, gemahlen
In einer flachen Schüssel die Sojasoße, das Sesamöl, Chilipulver und den Ingwer gut vermischen. Zum Schluss noch die Zwiebeln, den Sesam und das Koriandergrün dazugeben.
Die Tofuscheiben in die Marinade legen und ziehen lassen, am besten über Nacht.
Auf den Grill geben und von allen Seiten für ca. 10 Minuten knusprig grillen.

Hähnchen-Oliven-Spieße

FÜR 4 PERSONEN
ZUBEREITUNGSZEIT: 25 MIN.
GRILLZEIT: 8 BIS 10 MIN.

ZUTATEN FÜR DIE MARINADE:

1 EL Zitronensaft
2 EL Olivenöl
1 TL fein abgeriebene Schale von 1 Bio-Zitrone

1 TL grobes Meersalz
½ TL schwarzer Pfeffer

650 g ausgelöste Hähnchenoberschenkel ohne Haut, in etwa 4 cm große
Stücke geschnitten
180 g große schwarze Oliven ohne Stein, abgetropft

ZUBEHÖR:
METALL- ODER HOLZSPIESSE (HOLZSPIESSE MIND. 30 MIN.
GEWÄSSERT)

Die Zutaten für die Marinade in einer mittelgroßen Schüssel
verrühren. Hähnchenstücke dazugeben und in der Marinade wenden.
Beiseitestellen und 30 Min. ziehen lassen.
Den Gasgrill für direkte mittlere Hitze (180–230 °C) erhitzen.
Hähnchenstücke abwechselnd mit Oliven auf Spieße ziehen. Die Spieße über direkter mittlerer Hitze bei geschlossenem Deckel 8–10 Min. grillen, bis das Fleisch fest ist und beim Einstechen klarer Fleischsaft austritt, dabei ein- bis zweimal wenden. Vom Gasgrill nehmen und 5 Min. ruhen lassen. Warm servieren.

Zucchini-Käse-Spieße

5 Zucchini, ohne Stielansatz, in dickere Scheiben geschnitten
4 Paprikaschoten, ohne Stielansatz, entkernt, ohne Venen, in dickere Stücke geschnitten
500 g Feta oder Halloumi, in dicke Würfel geschnitten
Saft von 3 Zitronen
2 EL Kräuter der Provence
Salz und Pfeffer zum Abschmecken
etwas Pflanzenöl
12 Grillspieße

Aus dem Öl, Zitronensaft, Salz, Pfeffer und den Kräutern eine Marinade zubereiten. Die Zucchini und Paprikaschoten in der Marinade ziehen lassen, am besten für 2 bis 3 Stunden.
Nun die Zucchini, Paprika und den Käse abwechselnd auf Spieße stecken und auf dem Grill von allen Seiten garen.

Amerikanischer Burger

Dauer: 40 Minuten

Portionen: Für zwei Personen

Zutaten:
500g Rinderhackfleisch
2 Scheiben Tomaten
2 Blätter Eisbergsalat
2 Scheiben Gurke
2 Esslöffel Röstzwiebel
2 Burgerbrötchen
4 Scheiben Bacon
2 Scheiben Schmelzkäse
1 Prise Salz
1 Prise Pfeffer
1 Prise Paprikapulver
1 Prise Knoblauchpulver
1 Prise Worcestersauce
2 Esslöffel Tomatenketchup
2 Esslöffel Senf

So wird es gemacht:
Zwiebel schälen, waschen und fein würfeln. Rinderhackfleisch mit Zwiebeln, Salz, Pfeffer, Paprikapulver, Chilipulver, Worcestersauce und Knoblauchpulver in eine Schüssel geben und zu einer homogenen Masse verarbeiten. Hände leicht

anfeuchten und aus der Masse zwei Buletten formen.
Die Buletten für zehn Minuten auf dem Grill anbraten.
Bacon auf dem Grill anrösten.
Burger halbieren und auf dem Grill anrösten.
Mit Tomatenketchup und Senf bestreichen. Mit dem Gemüse, dem Käse und der Bulette belegen und warm genießen.

afrikanische Erdnusssauce

Zutaten:

80 g Erdnussbutter
1 Chinaknoblauch
150 ml Gemüsebrühe
1 EL Currypulver
2 EL Milch
1 EL Sojasauce
ein wenig Limettensaft

Zubereitung:
Chinaknoblauch waschen und zerkleinern
alle Zutaten (außer der Milch und der Gemüsebrühe) zusammenfügen und in einem Topf leicht erhitzen
Milch und etwas Gemüsebrühe hinzufügen
abschließen mit Limettensaft abschmecken

Paprikafisch

Zutaten für 4 Personen

4 Kabeljaufilets (a 160-180 g)
Einige Tropfen Zitronensaft
Einige Tropfen Worcestersauce
Prise Salz und Pfeffer
4 EL Butter
2 Zwiebeln
2 rote Paprikaschoten
4 Tomaten
1 Zucchini
100 ml Gemüse- oder Fischbrühe
Schnittlauch zum Bestreuen

Zubereitung:

Die Kabeljaufilets nach dem waschen mit Zitronensaft und Worcestersauce beträufeln, mit Salz und Pfeffer würzen und im Kühlschrank 10- 15 Minuten durchziehen lassen.
Vier Alufolien-Stücke herausschneiden und mit Butter bestreichen.
Die Zwiebel schälen und würfeln. Die Paprikaschoten halbieren, entkernen, waschen und würfeln.
Die Tomaten waschen, entkernen und in Würfelschneiden. Die Zucchini waschen und in Scheiben schneiden.

Das Gemüse auf die Folien Stücke verteilen. Die Fischfilets daraufsetzen und die Folie nach oben einknicken.

Das Ganze mit Gemüse- oder Fischbrühe beträufeln, die Folie verschließen und auf dem Grill 8-10 Minuten garen.

Den Paprikafisch vom Grill nehmen, die Folie aufreißen und mit dem Schnittlauch bestreuen und sofort servieren.

Gegrillte Tofu Spieße

Zutaten für 4 Personen:

200 g Räuchertofu
1 rote Paprika
12 Kirschtomaten
12 kleine Pilze
Pfeffer und Salz
6 EL Sweet Chili Sauce
Tabasco nach Belieben

Zubereitung:

Den Tofu abtupfen und in geeignete Würfel schneiden. Paprika und Tomaten waschen, Tomaten halbieren, Paprika in geeignete Scheiben schneiden.
Die Pilze säubern und waschen. Stecken Sie nun pro Spieß angefangen vom Pilz, Tofu, Paprika, Tomaten und abschließend wieder mit einem Pilz.
Den Vorgang für die weiteren Spieße wiederholen. Die Spieße in einer Grillschale für etwa 8-9 Minuten grillen.

Selbstgemachte Wildbratwürstchen

FÜR 4 PERSONEN
VORBEREITUNGSZEIT: 2-3 STD.
ZUBEREITUNGSZEIT: 30 MIN.
GRILLZEIT: 7 BIS 9 MIN.

½ kg Wildschweinschulter
500 g fetter Speck
100 g Wasser
5 m Bratdarm
2 EL Fenchelsamen, leicht geröstet
1 EL frisch gemahlener
2 EL Paprikapulver
3–4 Knoblauchzehen, sehr fein gehackt
35 g Meersalz
schwarzer Pfeffer

Das Wildfleisch und den Speck parieren, zerkleinern und auf
die richtige Temperatur (max. 4°C) herunterkühlen. Die Teile des
Fleischwolfs im Gefrierschrank kühlen und erst kurz vor der Benutzung herausholen.
Etwa 5 m Bratdarm 2 Std. lang lauwarm wässern und mehrfach mit Wasser spülen. Danach das Fleisch mit dem Meersalz bestreuen und zusammen mit dem Speck mit einer groben Lochscheibe mahlen. Das Hack

und die Flüssigkeit mit den Zutaten für die gewünschte Würzung per Hand vermengen, bis die Masse gut bindet. Achtung: Die Temperatur darf 4 °C nie übersteigen!

Eine kleine Frikadelle vom Wurstbrät formen und mit etwas Öl in der Pfanne anbraten.So kann die Würzung überprüft und das fertige Brät gegebenenfalls nachgewürzt werden.

Den Bratdarm komplett auf das Füllrohr des Wurstfüllers aufziehen. Den Darm dabei immer wieder befeuchten, damit er sich besser aufziehen lässt. Anschließend das Wurstbrät bis zur Mündung pressen. Den Darm vorn durch einen Knoten schließen und nicht zu fest mit der Masse befüllen. Zum Schluss das andere Darmende ebenfalls verknoten.

Würste von 10 bis 12 cm Länge abdrehen: Mit Daumen und Zeigefinger der einen Hand vom Ende her eine Wurstlänge abklemmen und von hier aus mit der anderen Hand eine weitere.

Die so bemessene Wurst nach vorn drehen. Dann von der folgenden Wurst wieder die Enden abklemmen und in die entgegengesetzte Richtung drehen.

Die Würstchen vor dem Grillen einige Stunden im Kühlschrank bei max. 4°C ruhen lassen.

Den Gasgrill für direkte mittlere Hitze (180–230 °C) erhitzen.

Die Würstchen kurz anbraten, bis sie leicht gebräunt sind. Dann bei indirekter Hitze ca. 5 Min. weitergrillen, bis sie durch gegart sind. Warm servieren.

Seitan-Gemüse-Spieße

550 g Seitan, in dickere Würfel geschnitten
24 Cocktailtomaten
2 Paprikaschoten, ohne Stielansatz, entkernt, ohne Venen, in dickere Stücke geschnitten
5 EL Olivenöl
3 EL Sojasoße
1 TL Cayennepfeffer, gemahlen
1 Schuss Tabasco
12 Grillspieße
Eine Marinade aus dem Öl, der Sojasoße und den Gewürzen herstellen. Den Seitan darin am besten über Nacht marinieren.
Alle Zutaten abwechselnd auf die Spieße stecken. Nun auf dem Grill von allen Seiten für ca. 10 Minuten anbraten.

Garnelenpfanne für den Grill

Dauer: 20 Minuten

Portionen: Für vier Personen

Zutaten:
1 Kilo geschälte Garnelen
300ml Weißwein
1 Zitrone, Saft
7 Esslöffel Olivenöl
1 Handvoll Basilikum
1 frische Chilischote
1 Bund Frühlingszwiebeln
1 Knoblauchzehe
250g Kirschtomaten
1 Prise Salz
1 Prise Pfeffer

So wird es gemacht:
Basilikum waschen, abtropfen lassen, abzupfen und fein hacken. Frühlingszwiebel waschen und in Ringe schneiden. Chilischote waschen, längs halbieren und ebenfalls in Ringe schneiden. Knoblauch schälen, waschen und in Scheiben schneiden. Kirschtomaten waschen und halbieren.
Nun alle Zutaten in eine Schüssel geben und miteinander vermengen.
In der Zwischenzeit ein Stück Alufolie bereitstellen und das Gericht darauf gleichmäßig verteilen.

Für 10 Minuten auf den Grill geben.

Spare Ribs (USA)

Zutaten:

5 Rippen vom Schweinebauch
300 g Zwiebeln
8 Knoblauchzehen
10 EL Erdnussöl
10 EL Tomatenketchup
5 EL Rübenkraut
5 EL Apfelessig
500 ml Ananassaft

Zubereitung:
Schweinebauch reinigen und in Rippchen aufteilen
Rippchen in kochendes Wasser geben
20 Min garen
Zwiebel schälen und zu Ringen verarbeiten
Knoblauch schälen und würfeln
Zwiebel, Knoblauch, Erdnussöl, Ketchup, Essig, Ananassaft und Rübenkraut vermischen
Rippchen marinieren
20 Minuten in den Kühlschrank geben
gelegentlich wenden
Rippchen auf den Grill geben
gelegentlich wenden und marinieren

Kartoffelsalat mit Tofu (Vegan)

Zutaten für 4 Personen:

750 g festkochende Kartoffeln
200 g Tofu
1 Paprika
1 große Zwiebel
1 Knoblauchzehe
4 EL Olivenöl
4 EL Essig
1 TL Paprikapulver
½ Bund Petersilie
Salz und Pfeffer

Zubereitung:

Kartoffeln waschen, schälen, in Scheiben schneiden und in Salzwasser kochen. Abkühlen lassen. Knoblauch und Zwiebel schälen und würfeln. Paprika waschen und in feine Streifen schneiden. Tofu ebenfalls in Streifen schneiden.
Alles zusammen mit Olivenöl, Zwiebeln in einer Pfanne dünsten. Paprika dazu geben und mit andünsten.
Für das Dressing Paprikapulver, Essig, Salz und Pfeffer verrühren. Die Zutaten zu den Kartoffelscheiben geben. Petersilie hacken und zusammen mit dem Dressing den Salat anmachen.

Thunfischsteaks

FÜR 4 PERSONEN
ZUBEREITUNGSZEIT: 15 MIN.
GRILLZEIT: ETWA 8 MIN.

ZUTATEN FÜR DIE VINAIGRETTE:

2 EL Olivenöl
fein abgeriebene Schale und Saft von 1 Bio-Zitrone
1 kleine Schalotte, fein gewürfelt

4 Thunfischsteaks, je etwa 225 g schwer und 2,5 cm dick
4 EL frische kleine Basilikumblätter oder grob zerpflückte
Zitronenspalten
Salz und Pfeffer

Die Zutaten für die Vinaigrette in einer kleinen Schüssel zu einer
Emulsion schlagen. Thunfischsteaks auf beiden Seiten damit
bestreichen und für gleichmäßig mit Salz und Pfeffer würzen.

Den Gasgrill direkte starke Hitze (230–290 °C) erhitzen.

Thunfischsteaks über direkter starker Hitze bei geschlossenem Deckel etwa 8 Min. grillen, dabei einmal wenden, bis das Fischfleisch im Kern gerade nicht mehr glasig ist. Vom Gasgrill nehmen. Warm mit Zitronenspalten zum Beträufeln servieren.

Rote Bete mit Füllung

6 Stück große, bauchige Rote Bete, ohne Stielansatz, geschält
350 g Gorgonzola, mit einer Gabel fein zerdrückt
2 Zwiebeln, fein gehackt
2 Knoblauchzehen, gepresst
1 Handvoll frisches Basilikum, fein gehackt
Salz und Pfeffer zum Abschmecken
etwas Öl

Zuerst die Rote Bete sehr vorsichtig mit einem Messer und Löffel aushöhlen. Dabei Handschuhe verwenden, denn der Saft des Gemüses färbt die Hände rot. Das Fruchtfleisch kommt in die Füllung, deshalb aufheben.
In einer separaten Schüssel die restlichen Zutaten mit dem Rote-Bete-Fruchtfleisch zu einer feinen Masse zerdrücken.
Nun die Rote Bete mit der Füllung befüllen.
Am Grill in etwas Alufolie von allen Seiten für ca. 15 bis 20 Minuten garen. Der Käse sollte gut geschmolzen sein.

Grill – Marinade

Dauer: 15 Minuten

Portionen: Für fünf Personen

Zutaten:
1 Zwiebel
4 scharfe Peperoni
1 Esslöffel scharfer Senf
1 Teelöffel grüne Kräuter
5 Knoblauchzehen
2 Prisen Salz
10 Esslöffel Pflanzenöl

So wird es gemacht:
Zwiebel schälen, waschen und fein hacken. Knoblauch schälen, waschen und fein hacken. Nun alle Zutaten in eine Schüssel geben und zu einer Marinade verarbeiten. Die Marinade für mindestens drei Stunden im Kühlschrank abkühlen lassen. Kann sowohl warm als auch kalt genossen werden.

Grill – Marinade – Andere Variante

Dauer: 10 Minuten

Portionen: Für vier Personen

Zutaten:
3 Zweige Rosmarin
1 Bünden Thymian
5 Knoblauchzehen
300ml Olivenöl
1 Prise Salz
1 Prise Pfeffer

So wird es gemacht:
Rosmarin waschen, Blätter von den Stängeln zupfen und mit dem Thymian zusammen in einen Messbecher geben. Olivenöl dazugeben und alles gut zerkleinern. Die Kräuter sollen fein zerkleinert werden. Dabei kann ein Stabmixer behilflich sein. Knoblauchzehen ausdrücken und mit Salz und Pfeffer abschmecken. Nun auch die Knoblauchzehen in die Masse dazugeben und wieder gut zerkleinern und fein pürieren. Die Marinade für mehrere Stunden in den Kühlschrank geben. Die Marinade kann sowohl kalt als auch warm genossen werden.

exotische Fischspieße (Karibik)

Zutaten:

700 g Fischfilet
8 Scampischwänze
1 Chilischote
1 Süßkartoffel
1 Ananas
1 Papaya
1 Chilischote
6 Lauchzwiebeln
etwas Piment
etwas Limettensaft
etwas Öl
Salz
Pfeffer

Zubereitung:

Scampi waschen und ausnehmen
Fischfilet säubern und würfeln
Chili zerkleinern
Chili mit Limettensaft, Salz, Pfeffer und Piment zu Marinade verarbeiten
Fisch und Scampi in Marinade wenden
Süßkartoffel säubern und ungefähr 30 Minuten garen
Ananas schälen und in Scheiben schneiden
Papaya in Stücke schneiden
Lachzwiebel reinigen und zerkleinern
Süßkartoffel schälen und in Scheiben schneiden

alle Zutaten auf Spieße verteilen
mit Öl bepinseln und kurz auf den Grill geben
gelegentlich wenden

Pikante Bananen

Zutaten für 2 Portionen
2 Bananen
Etwas Öl, zum bestreichen
1-2 EL Semmelbrösel
1 Messerspitze Currypulver

Zubereitung:

Die Bananen schälen und mit Öl bepinseln. Das Currypulver unter die Semmelbrösel mischen. Die Bananen darin wälzen und anschließend auf den Grillrost geben.
Sie müssen von beiden Seiten insgesamt 5-6 Minuten gegrillt werden.

Rosmarin-Folienkartoffel mit Feigen-Oliven Relish

FÜR 4 PERSONEN
ZUBEREITUNGSZEIT: 20 MIN.
VORBEREITUNGSZEIT: 20 MIN.

ZUTATEN FÜR DAS FEIGEN-OLIVEN RELISH:

300 g getrocknete Feigen
150 g schwarze Oliven
100 ml Wasser
100 ml Rotweinessig
50 g Rohrzucker

8 große Kartoffeln
80 g Butter
2 Zweig Rosmarin
Salz und Pfeffer

Kartoffeln in gesalzenem Wasser 15-20 Minuten bissfest kochen, abschütten und kurz auskühlen lassen. Butter vierteln und auf 4 Stücke Alufolie verteilen. Rosmarinnadeln vom Zweig zupfen und zu den Butterstücken geben. Je eine Kartoffel auf das Butterstück legen und Alufolie zu einem Bonbon verschließen.

Den Gasgrill für direkte mittlere Hitze (180–230 °C) erhitzen.

Folienkartoffeln nebeneinander im Gasgrill verteilen und über direkter mittlerer Hitze bei geschlossenem Deckel 15–20 Min. grillen, bis sie weich sind, dabei etwa alle 5 Min. mit einem großen Grillwender wenden. Vom Grill nehmen.

Für das Feigen-Oliven-Relish Feigen und Oliven fein würfeln. Beides mit Wasser, Rotweinessig und Rohrzucker aufkochen und 15 Min. leicht köcheln lassen. Hälfte der Masse pürieren und mit stückigem Rest vermengen, kurz auskühlen lassen.

Folienkartoffeln zusammen mit Feigen-Oliven Relish servieren.

Kartoffeln mit Wildkräutern

12 Kartoffeln, geschält, halbiert
5 Knoblauchzehen, gepresst
Saft von 3 Zitronen
10 EL Olivenöl
½ Handvoll frischer Rosmarin, fein gehackt
½ Handvoll frischer Thymian, fein gehackt
½ Handvoll frischer Dill, fein gehackt
Salz und Pfeffer zum Abschmecken

Die Knoblauchzehen, den Zitronensaft, das Öl und die Kräuter in einem Hochleistungsmixer zu einer feinen Masse vermischen. Nach Belieben mit Salz und Pfeffer abschmecken.

Die Kartoffeln in etwas Alufolie einlegen und in die Spalte die Knoblauchmasse füllen. Gut zudrücken und am Grill für ca. 20 Minuten von allen Seiten durchgaren.

Honey Mustard-Ganelen (USA)

Zutaten:
500 g Riesengarnelen
4 EL Ahornsirup oder flüssiger Honig
1 EL mittelscharfer Senf
2 EL Sojasauce
1 EL Tomatenmark
1 TL Chillipulver
1 TL Oregano
1 TL Paprikapulver
2 TL Knoblauchpulver
1 EL Olivenöl
1 EL Essig
Salz
Pfeffer

Zubereitung:
Die Garnelen gründlich waschen. Die restlichen Zutaten dann miteinander vermischen und glattrühren und die noch rohen Garnelen darin für ca. 30 Minuten ziehen lassen
Danach die Garnelen auf einen Spieß tun und mit der Marinade einpinseln. Die Dann für ca. 10 Minuten bei direkter Hitze von beiden Seiten schön kross grillen.
Am Ende mit Reis, einem Baguette oder einem frischen Salat servieren.

Spargelsalat

Zutaten für 2-3 Personen
1 große Dose Spargelabschnitte (300 g weißer Spargel)
3 EL Mayonnaise
2 EL Spargelwasser
2-3 EL grüne Kräuter (z.B. Petersilie, Dill, Kerbel, Schnittlauch)
Je 1 Prise Salz, weißer Pfeffer und Zucker

Zubereitung:

Die Spargelabschnitte auf ein Sieb ausschütten und gut abtropfen lassen. Ein Teil der Flüssigkeit auffangen (2 EL). Das Spargelwasser mit der Mayonnaise verrühren. Anschließend die Kräuter untermischen. Mit weißem Pfeffer und einer Prise Zucker würzen.
Die abgetropften Spargelstücke in eine Salatschale und mit dem Mayo-Kräuter-Dressing übergießen.

Vegane Tofu-Physalis-Spieße

FÜR 4 PERSONEN
ZUBEREITUNGSZEIT: 10 MIN.
VORBEREITUNGSZEIT: 15 MIN.

400 g Naturtofu
1 Stück Ingwer (ca. 2 cm)
5 Esslöffel Sojasauce
1 rote Chili
6 Esslöffel Zitronensaft
2 Esslöffel Pflanzenöl
8 Frühlingszwiebeln (alternativ Zitronengras)
100 g Physalis
3 Esslöffel Reisessig

ZUBEHÖR:
METALL- ODER HOLZ-SPIESSE (HOLZSPIESSE MIND. 30 MIN. GEWÄSSERT)

Tofu zwischen mehrere Stücke Küchenpapier legen und 10 Minuten mit einem dicken Buch beschweren, sodass die Flüssigkeit herausgedrückt wird. In 2 cm große Würfel schneiden.
Ingwer schälen und reiben. Chili entkernen und ganz fein hacken. Beides mit Sojasauce, Zitronensaft und

Reisessig vermischen. Tofuwürfel mit Marinade vermengen und abgedeckt 2 Stunden ziehen lassen.
Physalis von Blättern befreien und waschen. Frühlingszwiebeln waschen und in 2-3 cm große Stücke schneiden.
Den Gasgrill für direkte mittlere Hitze (180–230 °C) erhitzen.
Tofuwürfel aus der Marinade nehmen und trockentupfen, restliche Marinade aufheben.
Tofuwürfel, Frühlingszwiebeln und Physalis abwechselnd auf die Spieße stecken. Unter mehrmaligem Wenden 12-15 Min. grillen. Vor dem Servieren mit restlicher Marinade beträufeln.

Schokobananen am Spieß

6 Bananen
200 g dunkle oder helle Schokolade, fein geraspelt
jeweils 1 Prise Zimt und Nelken
100 g Mandeln, gemahlen
50 g Kokosflocken, geraspelt

Jede Banane auf der Innenseite durch die Schale hindurchschneidend mit einem Messer einschneiden. Im Fruchtfleisch eine Aushöhlung bilden. Die Reste könnten Sie zu einem Eis verwerten.
In die Aushöhlung etwas Schokolade und die Gewürze geben. Nun so auf dem Grill für ca. 15 Minuten gut durchbraten. Die Schale kann etwas dunkler sein - sie wird nicht mitgegessen.
Beim Servieren mit Mandeln und Kokosflocken bestreuen.

Gegrillte Banane mit Schokolade und Marshmallows

FÜR 4 PERSONEN
ZUBEREITUNGSZEIT: 7 MIN.
VORBEREITUNGSZEIT: 10 MIN.

4 Bananen
80 g Mini-Marshmallows
60 g Schokotröpfchen

Den Gasgrill für direkte mittlere Hitze (180–230 °C) erhitzen.
Bananen ungeschält längs aufschneiden und mit einem Teelöffel etwas von dem Fruchtfleisch entfernen. Mit Marshmallows und Schokotröpfchen füllen.
Bananeschale mit Alufolie umwickeln, sodass Einschnitt und Füllung frei bleiben, über direkter mittlerer Hitze bei geschlossenem Deckel 5–6 Min. grillen. 2 Minuten auskühlen lassen und Alufolie entfernen. Warm servieren.

Austernpilze mit Sesam

Schon mal Pilze auf dem Grill probiert? Dann wird es aber Zeit. Denn unsere in Sesam gehüllten Austernpilze vom Grill sind eine wahre Delikatesse. Einfach ausprobieren und sich überzeugen lassen. Wer keine Austernpilze zur Hand hat, der kann ebenfalls zu Pfifferlingen oder Champignons greifen.

Zutaten für 2 Portionen:
2 EL Sesam
200 g Austernpilze
2 Knoblauchzehen
1 Lauchzwiebel
2 EL Sojasauce
2 EL Sesamöl
1 EL Zucker

Zubereitung:
Wir beginnen damit den Sesam in einer Pfanne anzurösten. Sesam brennt schnell an, daher muss der Sesam ständig umgerührt werden. Dann bereiten wir die Marinade vor. Dazu vermischen wir das Sesamöl, die Sojasauce und den Zucker und warten, bis sich der Zucker aufgelöst hat. Dann geben wir die geputzten Austern und die gehackte Lauchzwiebel hinzu und lassen alles gut einwirken. Entweder die Pilze aufspießen oder in Alu-Folie zu Päckchen packen. Zwischen 5 und 8 Minuten auf den Grill und fertig zum Verschlemmen servieren.

Gegrillte Forelle

4 Portionen

Zutaten:

4 frische Forellen frisch, küchenfertig
2 Limetten
4 frische Zweige Thymian
2 Zitronen
Öl
Salz, Pfeffer

Zubereitung:

Die Forellen abwaschen und mit Zewa abtrocknen, mit Salz und Pfeffer innen einreiben. Die Limetten und Zitronen in hauch dünne Scheiben schneiden und abwechselnd bis der Fisch voll ist und jeweils einen Zweig pro Forelle legen. Außen mit Öl bepinseln und in einer Fischzange auf dem Grill bei geringer Hitze schmoren lassen.

Krustenbraten vom Grill mit Brötchen

Zutaten für 4 Portionen:
- 2 1/2 kg Schweinebraten (Rollbraten oder Spießbraten)
- 10 Brötchen
- 2 Zehen Knoblauch, in Scheiben geschnitten
- 3 Prisen Salz
- 2 Prisen Paprikapulver
- 2 Prisen Pfeffer

Zubereitung:

Das Fleisch von innen gut würzen und mit Knoblauch einreiben. Dazu den Braten von den Schnüren befreien und auf die Arbeitsplatte legen. Die Knoblauchscheiben, Salz, Pfeffer und Paprikapulver auf dem ausgebreiteten Braten verteilen.
Anschließend den Braten wieder zusammenrollen und mit Küchengarn binden. Den gerollten Braten über die Nacht in Frischhaltefolie einwickeln und im Kühlschrank ziehen lassen.
Vor dem Grillen den Braten der Länge nach aufspießen und fixieren. Den Braten für 2,5 Stunden über die freie Gasspirale (Rost herausnehmen) des Grills hängen und brutzeln lassen.
Den fertigen Braten vom Grill nehmen und in Scheiben schneiden, auf die aufgeschnittenen Brötchen legen und servieren.

Gefülltes Baguette

Zubereitungszeit: 15 Minuten
Portionen: 4

Zutaten:

2 Baguettes
2 Knoblauchzehen
200 g Pesto
200 g geriebener Parmesan
100 g getrocknete Tomaten
Meersalz und Pfeffer
Zubereitung:
Die Knoblauchzehen schälen und hacken, die Tomaten ebenfalls fein hacken.
Nun Knoblauch, Parmesan, Pesto, Tomaten und Gewürze vermengen.
Anschließend die Baguettes längs aufschneiden, füllen und für 10 Minuten auf den Grill geben.

Grillgemüse - Salat

Zutaten

2 rote Paprikaschoten
2 gelbe Paprikaschoten
2 Zwiebeln
1 Zucchini
2 große Karotten
250 g Champignons
1 Fenchel

6 Zehen Knoblauch
3 EL Olivenöl
2 TL Salz
3 EL Balsamico
3 EL Walnussöl
evtl. Paprikapulver und Chilifocken

Zubereitung

Vorweg ein Hinweis: Dieser Salat wird nicht gegrillt, schmeckt aber fabelhaft zu gegrilltem.
Das Gemüse putzen und in mundgerechte Stücke schneiden, die Zwiebeln in Achtel schneiden.
Das Gemüse in einen Müllbeutel geben und den durchgepressten Knoblauch, das Olivenöl und das Salz hinzugeben und alles gut durchschütteln (klingt komisch, macht das Mischen jedoch einfacher). Bei Bedarf, kann auch noch Chiliflocken und Paprika hinzugegeben werden.
Das Gemüse auf zwei mit Backpapier ausgelegte Backbleche verteilen und im Ofen bei 200°C backen, bis das Gemüse anfängt zu bräunen.
Das Gemüse abkühlen lassen und dann in eine große Schüssel geben. Aus
Balsamico und Walnussöl eine Marinade herstellen und unter das Gemüse heben.

Grillgemüse – Salat

Zutaten

2 rote Paprikaschoten
2 gelbe Paprikaschoten
2 Zwiebeln
1 Zucchini
2 große Karotten
250 g Champignons
1 Fenchel
6 Zehen Knoblauch
3 EL Olivenöl
2 TL Salz
3 EL Balsamico
3 EL Walnussöl
evtl. Paprikapulver und Chilifocken

Zubereitung

Vorweg ein Hinweis: Dieser Salat wird nicht gegrillt, schmeckt aber fabelhaft zu gegrilltem.

Das Gemüse putzen und in mundgerechte Stücke schneiden, die Zwiebeln in Achtel schneiden.

Das Gemüse in einen Müllbeutel geben und den durchgepressten Knoblauch, das Olivenöl und das Salz hinzugeben und alles gut durchschütteln (klingt komisch, macht das Mischen jedoch einfacher). Bei Bedarf, kann auch noch Chiliflocken und Paprika hinzugegeben werden.

Das Gemüse auf zwei mit Backpapier ausgelegte Backbleche verteilen und im Ofen bei 200°C backen, bis das Gemüse anfängt zu bräunen.

Das Gemüse abkühlen lassen und dann in eine große Schüssel geben. Aus Balsamico und Walnussöl eine Marinade herstellen und unter das Gemüse heben.

Ramazan pidesi

Zutaten:
300ml warmes Wasser
20g frische Hefe
1 TL Zucker
450g Mehl
2 TL Salz
2 bis 3 EL Olivenöl
1 Eigelb
Sesamsamen und Schwarzkümmel zum Garnieren
Hartweizengrieß und Mehl zum Bestäuben

Zubereitung:
Wasser mit Hefe und Zucker vermischen. Eine Viertelstunde gehen lassen, bis Schaum entsteht. Mehl mit Salz mischen, Mischung in der Mitte eindrücken. 1 EL Olivenöl und die Hefe in die entstandene Mulde geben. Alles zu einem Teig verkneten, mit einem Küchentuch abdecken und eine Stunde an einem warmen, zugluftgeschützten Ort gehen lassen. Arbeitsfläche mit Mehl bestäuben, Teig durchkneten, in zwei Hälften teilen und aus jeder Hälfte einen runden Fladen formen. Backblech mit Backpapier auskleiden, mit etwas Grieß und Mehl bestäuben, Fladen darauf geben und eine halbe Stunde gehen lassen. Finger in Olivenöl tauchen und ein Gittermuster in die Fladen drücken. Eigelb mit 2 EL Olivenöl mischen, die Fladen mit der Mischung

bestreichen, Schwarzkümmel und Sesam darauf streuen. Backofen auf 220°C vorheizen, Fladen 20 Minuten lang backen, bis sie goldbraun sind. Brot aus dem Ofen holen und mit feuchtem Küchentuch bedecken. Vorzugsweise warm servieren.

Heilbutt und Wacholder

Eine Kombination, die ihre Geschmacksknospen so richtig schön befriedigt. Weicher, zarter, milder Fisch mit einem Schuss Wacholderschnaps kombiniert, beflügelt eben die Sinne ... und zwar auf ganz besondere Art und Weise. Und eine Priese Kurkuma. Ein wenig Paprika und die kulinarische Exklusivität ist auch für ihren Grillabend bereit. Einfach schmecken lassen.

Zutaten für zwei Personen:
2 Heilbuttfilets a 180 g
5 cl Wacholderschnaps
1 l Wasser
80 g Salz
60 g Pfeffer
1 kleine Zwiebel
3 Knoblauchzehen
2 g Kurkuma
1/2 rote Paprika
1 El Öl

Zubereitung:
Die Filets gründlich reinigen und die fleischige Seite ordentlich mit dem Wacholderschnaps einreiben und für eine gute mariniert in den Kühlschrank stellen. Während dessen kann die zweite Marinade vorbereitet werden, in der die Filets später über dem Grill brutzeln werden. Dazu werden Zwiebeln, Knoblauch und auch

die Paprika in hauchdünne Streifen geschnitten und mit den restlichen Zutaten verrührt und zwar so lange, bis sich das ganze Salz gut aufgelöst hat. Nun können die Filets in die Lake eingelegt werden. Ganze 12 Stunden dürfen sie nun so in der Lake liegen und ihr Aroma verändern. Nun kann der Grill angefeuerte werden ... und zwar auf 80 bis 90°, denn die Filets gilt es indirekt zu Grillen. Wer mit Holzkohle grillt, sollte zusätzlich noch Räucherchips auf die Briketts geben. Die Filets brauchen eine gute halbe Stunde, bis sie servierfertig sind.

Gegrillter Römersalat

4 Personen

Zutaten:

2 Köpfe Römersalat halbieren längs
Olivenöl
200 geviertelte Kirschtomaten
150 g Mais
150 g zerbröckelten Ziegenkäse
1 Avocado in Scheiben geschnitten

Dressing
2 EL frisch gepresster Zitronensaft
1 Zitrone
2 EL Rotwein Essig
1/4 TL Salz
1/2 TL Dijon-Senf
2 EL Olivenöl

Zubereitung:

Den Grill auf mittlere / hohe Hitze vorheizen. Die Oberfläche des Römers Salates mit Olivenöl bestreichen und ca. 4 bis 5 Minuten grillen, gelegentlich wenden. Setzen Sie jede Salathälfte auf einen Salatteller und oben mit Tomaten, Mais,

Ziegenkäse und Avocado belegen. Alle Zutaten für das Dressing vermischen und jeden gegrillten Salat damit beträufeln und servieren

Gefüllte Chilischoten

Zutaten für 4 Portionen:
- 12 große Chilischoten, frische
- 200 g Frischkäse natur
- 160 g Bacon in Scheiben
- 60 g Schinken, gewürfelt
- 2 kleine Zwiebel
- n. B. Butter
- Salz und Pfeffer

- Paprikapulver

Zubereitung:

Die Chilischoten waschen, doch die Stiele nicht entfernen. Die Schoten T-förmig einschneiden und Zwischenwände und Kerngehäuse vorsichtig entfernen. Die Zwiebeln schälen und fein würfeln. Mit etwas Butter und den Schinkenwürfeln anbraten. Die Zwiebel-Schinkenmischung zusammen mit Pfeffer und einer Prise Paprika mit dem Frischkäse vermischen. Mit Salz gut abschmecken.
Die Schoten mit dem Käsegemisch füllen. Anschließend jede Schote mit einem Streifen Bacon umwickeln. Evtl. alles mit einem Zahnstocher sichern, dann fällt es nicht auseinander und man kann daran später die heißen Schoten anfassen.
Nun die gefüllten Chilischoten unter Beobachtung bei indirekte Hitze grillen, bis der Bacon schön knusprig ist.

Frischkäse mit Cranberrys und Chili

Zubereitungszeit: 15 Minuten
Portionen: 4

Zutaten:

300 g Frischkäse
2 EL Honig
2 EL Orangensaft
50 g getrocknete Cranberrys
½ TL Chiliflocken
Meersalz und Pfeffer
Zubereitung:
Alle Zutaten vermengen und genießen.

Gegrillte Mangos mit Himbeersauce

Zutaten

2 ELZucker
1 TLMelasse
2 ELfrisch gepresster Limetten- oder Zitronensaft
2 Tfrische Himbeeren (ersatzweise Erdbeeren)
3-4mittelgroße Mangos
Pflanzenöl für den Grillrost

Zubereitung

Zucker, Melasse und den Limettensaft in einer flachen Schüssel gut vermischen.
Die Hälfte der Himbeeren dazugeben, pürieren.
Die Mangos schälen und im Ganzen mit einer Seite in die Himbeersoße legen und diese bei Raumtemperatur für ca. 45 Minuten darin ruhen lassen.
Den Grillrost mit dem Pflanzenöl einfetten und den Grill auf mittlerer Hitze heizen.
Die Mangos mit der marinierten Seite nach unten auf den Grill legen und die Marinade beiseitestellen.

Nach 2 Minuten die Mangos umdrehen, dann für weitere 6-8 Minuten grillen lassen. Vom Grill entfernen und mit der Hälfte der restlichen Marinade übergießen. Die restlichen Himbeeren in die verbleibende Marinade einrühren und über den Mangos verteilen. Warm servieren.

Tsatsiki

Zutaten

1 mittelgroße Gurke
2 T vegane Mayonnaise
2 EL frische Minze
1/4 T frisch gepresster Zitronensaft
4-6 Knoblauchzehen, gepresst oder gehackt
1 EL frisch gehacktes Dillkraut (oder 1 TL trockene Dillspitzen)
1/8 TL Meersalz
1/8 TL frisch gemahlener schwarzer Pfeffer
1 Prise Cayennepfeffer

Zubereitung

Die Gurke grob reiben und in einer großen Schüssel mit den restlichen Zutaten geben und gut vermischen.

Um es etwas säuerlicher schmecken zu lassen, geben Sie bitte noch mehr Zitronensaft dazu. Kühl servieren.

Zuckerschocksteak

Zutaten:
4 Ribeye-Steaks bzw. Steaks aus der Hochrippe
125g brauner Zucker
1 TL Pfeffer
3 TL Salz
2 TL Paprikapulver
3 TL Ahornsirup (ersatzweise Honig)
2 TL Knoblauchpulver
1 TL Cayenne-Pfeffer
2 TL Kreuzkümmelpulver
1 TL Zwiebelpulver
3 TL Olivenöl

Hier wird es richtig süß, aber auch würzig. Die Würzmischung ist etwas zwischen Rub und Marinade und wird in dieser Form auch als „Mud Rub" bezeichnet. Am besten mit Folienkartoffeln servieren.

Zubereitung:
Zucker und Gewürze in eine Schüssel geben und mit einem Schneebesen gut vermischen.
Olivenöl und Ahornsirup hinzugeben, mit den Fingern zu einem Teig formen und diesen von beiden Seiten auf die Steaks auftragen.
Steaks abgeschlossen in den Kühlschrank legen und 3 Stunden lang ziehen lassen.

Von beiden Seiten bis zum gewünschten Bräunungs- und Gargrad braten.

Laugenbrezeln umarmt Hühnerbrust

Kreativ und einzigartig ... so kann man dieses geflügelten Leckerbissen auf den Punkt gebracht beschreiben. Hier wird zarte Hühnerbrust mit Laugenbrezeln umwickelt am Spieß gegrillt ... einfach clever ... einfach köstlich ... einfach kreativ.

Zutaten für 2 Personen:
250 g Hühnerbrust
2 Laugenbrezel
1 El Olivenöl
1 El Paprikapulver
Salz, Pfeffer zum Abschmecken

Zubereitung:
Hühnerbrust waschen und in mundgerechte Stücke schneiden. Das Olivenöl mit den Gewürzen in einer Schüssel verrühren und die Hühnerhappen in die Marinade eintauchen. Jetzt brauchen wir Fingerspitzengefühl ... denn wir müssen unsere zwei Laugenbrezel vom Bäcker entknoten, nur um sie anschließend, im Wechsel mit den Hühnerhappen auf einem Spieß aufzuspießen. Wer mag, kann auch ein wenig experimentieren und mit Cocktail-Tomaten oder Paprika dem Spieß etwas Farbe und Vitamine verleihen. Auf den Grill und unter ständigem Wenden dem Geflügel-Spieß beim gar werden zuschauen.

Gegrillter Maiskolben

10 Portionen

Zutaten:

60 g Miracle Whip, Mayonnaise, so leicht
60 g leichte saure Sahne
20 g gehackter frischer Dill
2 EL frischer Limettensaft
1/4 TL Salz
1/4 TL frisch gemahlener schwarzer Pfeffer
10 Maiskolben
50 g Feta-Käse, fein gerieben
1 1/2 TL Chilipulver

Zubereitung:

Grill auf mittlere bis hohe Hitze vorheizen. Vermengen Sie die ersten 6 Zutaten in einer flachen Schüssel. Den Mais auf ein mit Öl oder beschichtetes Grillgitter legen, abdecken und 12 Minuten garen, gelegentlich drehen. Legen Sie dann den heißen Mais in Mayonnaise-Mischung, danach auf eine Platte und mit Käse und Chilipulver bestreuen.

Gegrillte Zucchiniröllchen

Zutaten für 4 Portionen:
- 3 Zucchini, große
- 2 EL Frischkäse, fettarmer
- 3 EL Tomatenmark mit Basilikum
- 2 Kugeln Mozzarella
- 1 Pck. Schinken, (Putenschinken), hauchdünn
- evtl. Milch
- Salz und Pfeffer

Zubereitung:

Zuerst die Zucchini längs in ca. 2-3 mm dünne Scheiben hobeln, bei drei großen Zucchini sind das so ca. 45-48 Scheiben.
Tomatenmark und Frischkäse mischen, evtl. ein wenig Milch beifügen, damit man besser rühren kann. Salzen und pfeffern. Die geschnittenen Zucchini zuerst mit der Tomatenmark-Frischkäse-Mischung bestreichen, dann eine dünne Scheibe Putenschinken und zuletzt ein Stückchen Mozzarella auf ein Ende der Zucchini geben. Dann die Zucchinischeiben zusammenrollen. Am besten man beginnt mit dem Ende an dem der Mozzarella liegt. Alles auf 8 Spieße stecken. Nochmals salzen und pfeffern.
Man kann die Zucchini gleich grillen oder noch ein wenig entwässern lassen, dazu am besten in ein Sieb geben und einen Teller drunter stellen.

Auberginen-Dipp

Zubereitungszeit: 15 Minuten
Portionen: 4

Zutaten:

4 Tomaten
1 Aubergine
1 rote Zwiebel
1 Knoblauchzehe
2 EL Olivenöl
2 EL Limettensaft
Meersalz und Pfeffer
Zubereitung:
Die Tomaten und die Aubergine säubern und in Scheiben schneiden, die Zwiebel und den Knoblauch schälen und in Scheiben schneiden.
Das Gemüse mit Olivenöl bestreichen, auf dem Grill garen und anschließend mit den restlichen Tomaten pürieren.

Kartoffelsalat mit Frühlingszwiebeln

Zutaten

750 gfestkochende Kartoffeln
0.5 ELKümmel
180 mlGemüsebrühe
5 ELweißer Balsamico-Essig
4 ELRapsöl
1 ELSenf mittelscharf
3Frühlingszwiebeln
Salz
Pfeffer

Zubereitung

Die Kartoffeln waschen, in einem Topf mit Wasser bedecken, Kümmel dazu geben und gar kochen...je nach Größe 20-30 Minuten.
Die Kartoffeln mit kaltem Wasser abschrecken, pellen und in Scheiben schneiden.
Die Gemüsebrühe mit der Hälfte vom Essig mischen und mit Salz und Pfeffer würzen, über die Kartoffeln gießen und vorsichtig vermengen. Mindestens 30 Minuten durchziehen lassen.
Aus dem restlichem Essig, Öl und Senf ein Dressing bereiten. Frühlingszwiebeln putzen, waschen und in feine Ringe schneiden.

Dressing und Lauchzwiebeln unter den Salat mischen. Abschmecken und eventuell nachwürzen.

Cevapcicis zum Verlieben

Zutaten für 4 Portionen:
- 1 kg Hackfleisch, gemischtes
- 2 große Zwiebel
- 1 Pck. Backpulver
- 6 kleine Knoblauchzehen
- 2 Eier
- Salz und Pfeffer
- Gewürzmischung: Vegeta

Zubereitung:

Zwiebel schälen, klein schneiden und mit dem Hackfleisch schön vermengen. Knoblauch schälen und entweder ganz fein hacken oder durch die Presse gedrückt hinzugeben. Das Backpulver (welches übrigens zur Lockerung und dem Austrocknen auf dem Grill entgegenwirkt), Pfeffer und Vegeta untermischen. Ei mit untermischen. Die Masse schön abschmecken. Dann fingergroße, jedoch etwas dickere Würstchen formen. Auf einen heißen Grill legen und heiß grillen.

Mini-Frikadellen

Zubereitungszeit: 30 Minuten
Portionen: 4

Zutaten:

1 Zwiebel
1 Knoblauchzehe
½ Bund Petersilie
400 g gemischtes Hackfleisch
100 g geriebener Mozzarella
3 EL Vollmilchjoghurt
1 Ei
50 g gemahlene Mandeln
2 EL Olivenöl
1 EL Tomatenmark
Meersalz und Pfeffer

Zubereitung:
Die Zwiebel und den Knoblauch schälen und hacken, die Petersilie säubern und hacken.
Anschließend alle Zutaten vermengen, kleine Frikadellen aus der Masse formen und grillen.

Spezial Spare Ribs

Zutaten
2 ganze flache Rippchen
75 ml ungesüßten Apfelsaft

Für die Marinade
1 EL grobes Meersalz
1 EL Paprikapulver, edelsüß
0,5 EL brauner Zucker
0,5 TL Zwiebelpulver
0,3 TL Knoblauchpulver
0,3 TL Piment, gemahlen oder Nelkenpulver
0,3 TL schwarzer gemahlener Pfeffer
0,08 TL Muskat, frisch gerieben
0,17 TL Zimtpulver

Für die Glasur
0,5 Tassen Tomatenketchup
0,1 Tasse brauner Zucker
0,1 Tasse Honig

0,5 EL Essig
0,5 EL Senf
0,5 EL Zitronensaft
0,5 EL Worcestershiresauce
0,5 TL Zwiebelpulver
0,3 TL Knoblauchpulver
0,3 TL Meersalz
0,3 TL Pfeffer, schwarzer, gemahlen
0,17 TL Cayennepfeffer

Außerdem:
Apfelsaft

Zubereitung

Die Ribs verbringen mindestens 4 Stunden im Grill. Die Temperatur sollte die gesamte Garzeit zwischen 110° und 130° Celsius gehalten werden.
Entfernen Sie die Silberhaut von der Knochenseite der Ribs und das Fett etwas trimmen.
Jeden Knochen auf der Unterseite leicht einschneiden.
Die Zutaten für die Marinade gut vermischen und mit der Mischung die Spare Ribs bestreuen und anschließend in Frischhaltefolie einwickeln. Über Nacht im Kühlschrank marinieren.
Die Zutaten für die Glasur in einen Kochtopf geben, gut umrühren, kurz aufkochen lassen und 20 Minuten gehen lassen, hierbei immer wieder umrühren.
Die Spare Ribs nun aus dem Kühlschrank nehmen, auswickeln und mit der Fleischseite nach unten in den

Smoker (oder bei indirekter Hitze in den Kugelgrill) geben.

Am Anfang mit etwas mehr Rauch arbeiten, im Kugelgrill sollte man an dieser Stelle mit Holzchips arbeiten. Nach 40 Minuten die Spare Ribs wenden und weitere 45 Minuten grillen.

Anschließend die Spare Ribs vom Grill nehmen und die einzelnen Reihen in Alufolie wickeln. Pro Reihe 2-3 EL Apfelsaft mit in die Folie geben. Nun die Spare Ribs in der Alufolie für weitere 1,5 Stunden in den Kugelgrill geben.

Die Spare Ribs aus der Alufolie nehmen und dann dünn mit der warmen Glasur bestreichen. Nun weitere 60 Minuten grillen und darauf achten, dass sie nicht zu dunkel werden. Ab und zu erneut mit der Glasur bestreichen.

Indirekte Hitze im Kugelgrill besagt, dass man das Grillgut nicht über der Kohle zubereitet, sondern die Kohle rechts und links im Grill verteilt und in die Mitte der Kohle eine Aluschale mit etwas Wasser stellt. Das Fleisch wird mit geschlossenem Deckel über der Aluschale gegrillt. Auf diese Weise kann auch kein Fett in die Glut tropfen.

Champignons vom Grill

Zutaten

500 g frische Champignons
4 Zehen Knoblauch
5 EL Sojasauce
5 EL Sonnenblumenöl
etwas Salz und Pfeffer

Zubereitung

Putzen Sie die Champions und stellen Sie sie erst einmal zu Seite.

Die Knoblauchzehen durch die Knoblauchpresse drücken oder ganz klein schneiden und mit dem Öl und der Sojasauce vermischen und mit Salz und Pfeffer würzen.

Die Champignons hinzugeben und durchmischen. Sollte es zu wenig Marinade sein, einfach noch etwas von den Zutaten hinzugeben.

In Alufolie bei nicht mehr allzu starker Hitze einige Minuten auf den Grill legen, jedoch die Folie oben nicht schließen, damit Sie sehen können, ob die Pilze gar sind.

Salsa-Bohnen

Zutaten:
50g Butter
3 bis 4 unbehandelte Limetten
2 Knoblauchzehen
1 TL Tabasco (bzw. andere scharfe Soße)
2 Dosen Baked Beans (je 415 Gramm)
1 Dose Schwarze oder Kidneybohnen (415 Gramm)
1 Glas Salsa nach Wahl (ugf.326g)

Eine schön würzige Tex-Mex-Beilage, die bestens zum Barbecue passt und überdies auch ohne große Probleme zuzubereiten ist.

Zubereitung:
In einem kleinen Topf Butter bei leichter Hitze schmelzen. Von einer Limette die Schale abkratzen, in die Butter geben. Knoblauchzehen und restliche Limetten pressen, in die geschmolzene Butter geben. Umrühren, anschließend Baked Beans und abgetropfte Schwarze bzw. Kidneybohnen sowie Salsa hinzugeben. Gut umrühren und eine Viertelstunde bei leichter Hitze köcheln lassen.
Mit Tabasco abschmecken und servieren.

Keulen vom Geflügel mit Ingwer-Pflaumen-Glasur
Wir wollen es so richtig außergewöhnlich, lecker und exquisit ... und das schaffen wir mit diesem Rezept.

Schließlich soll es auch abwechslungsreich und besonders auf unserem Grill zugehen. Das schaffen wir auch mit diesem Rezept. Hier darf man sogar wählen, ob man Enten- oder Hühnerkeulen mit Ingwer und Pflaume bestreicht. Beides schmeckt einfach vorzüglich.

Zutaten für zwei Personen:

4 Hühner- oder Entenkeulen

für die Glasur:
75 g Pflaumenmus
1/2 El süßen Reiswein
1/2 El Ingwer, frisch und gehackt
2 El Sojasauce
1 El Orangensaft

für die Würzmischung:
1 El brauner Zucker
1/2 El Meersalz
1/2 El Fünf-Gewürz-Pulver
1/2 TL Pfeffer

Zubereitung:
Wir vermengen die Zutaten für unsere Glasur und lassen diese, bei schwacher Hitze, kurz aufkochen und für eine weitere Minute köcheln. Ebenfalls vermengen wir die Zutaten für die Gewürzmischung in einer Schüssel und bestreichen unsere Keulen mit dieser. So vorbereitet kommen die Keulen auf den Grill, wo sie die ersten 15 Minuten vor sich hin grillen dürfen. Dann werden sie in regelmäßigen Abständen mit der Glasur bestrichen. Immer und immer wieder für die nächsten 30 Minuten. Kurz ruhen lassen, servieren und mit Genuss und Vorfreude den ersten Happen abbeißen.

Gegrillte Zucchini

3 Personen

Zutaten:

2 große Zucchini, in Scheiben geschnitten (oder in dünne Streifen)
1 EL. extra-natives Olivenöl
1 TL. Knoblauchpulver
1/4 TL zerkleinerte rote Pfefferflocken
1/2 TL Zitronenschale
Salz und gemahlener schwarzer Pfeffer
1/4 c. Balsamico Essig

Zubereitung:

Grill auf hoher Stufe vorheizen. In einer großen Schüssel Zucchini mit Olivenöl, Knoblauchpulver, roten Pfefferflocken und Zitronenschale werfen. Mit Salz und Pfeffer würzen. Sobald der Grill heiß ist, vorsichtig mit der Zange ein geöltes Papiertuch über die Gitter reiben, um sie zu reinigen. Mit einer Zange die Zucchini auf den Grill legen und für 2 Minutengrillen. Umdrehen und weitere 2 Minuten, bedeckt kochen. Reduzieren Sie die Hitze ,klappen Sie Zucchini um und beträufeln Sie leicht mit Balsamico-Essig. Weiter kochen bis zu 1 Minute, aber unbedeckt. Servieren.

Taco-Gewürzmischung

Zutaten:
- 4 EL Chilipulver
- 1 EL Salz
- 1 TL Knoblauchpulver
- 1 TL Zwiebelpulver
- 1 TL Paprikapulver, edelsüß
- 1 TL Oregano, getrocknet
- 1 TL Kreuzkümmel, gemahlen
- 1/2 TL Korianderpulver
- 1 TL Pfeffer, schwarz, gemahlen

Zubereitung:

Alle Gewürze vermischen und in einen verschließbaren Behälter geben. Die Gewürzmischung sollte trocken gelagert werden.

Entenbrust vom Grill

Zubereitungszeit: 35 Minuten
Portionen: 4

Zutaten:

2 Entenbrüste
4 EL Olivenöl
1 TL Zucker
1 TL Paprikapulver rosenscharf
1 TL Knoblauchpulver
½ TL Chiliflocken
Meersalz und Pfeffer
Zubereitung:
Das Olivenöl mit den Gewürzen vermengen.
Jetzt das Fleisch mit der Mischung einreiben und auf den Grill geben.

Cevapcici im Speckmantel

Zutaten

500 gHackfleisch, (gemischt oder Rind)
1Zwiebeln
2 ZehenKnoblauch
50 gklein gehackten Schafskäse
50 mlSahne
3 ELSemmelbrösel oder Paniermehl
1 TL, gehäuftSalz
1 ELfrischen Pfeffer aus der Mühle
1 ELPaprikapulver
1 TL, gehäuftCurrypulver
9 ScheibenBacon (Frühstücksspeck)

Zubereitung

Die Zwiebel und den Knoblauch fein hacken, alle Zutaten, bis auf den Bacon, gut miteinander vermischen und durchkneten.
Aus der Masse ca. 4 cm Durchmesser und 8-10cm lange Hackwürstchen formen.
Dann jedes Röllchen mit einer Scheibe Bacon umwickeln. Der Bacon muss nicht gesondert befestigt werden.
Nun, bei mehrmaligen wenden, für ca. 10-15 Minuten auf den Grill. Fertig!

Tomatenwurzelbrote

Zutaten

900 g Mehl, 550
200 g Sauerteig, (Weizensauerteig, TA 200)
490 g Wasser
20 g Salz
1 Tüte Trockenhefe, (oder evtl. Frischhefe ca. 15 g)
1 Glas getrocknete Tomaten
50 g Öl, aus dem Glas
Roggenmehl
Maismehl

Zubereitung

Achtung: Dieses Brot wird nicht auf dem Grill hergestellt, eignet sich aber sehr gut als Beilage zu gegrilltem.

Schneiden Sie bitte die Tomatenstücke aus dem Glas klein.

Vermischen Sie alle Zutaten ausreichend und kneten diese dann in der Küchenmaschine, bis die Tomatenstücke zerteilt und verteilt sind.

Den Teig ca. 1-2 Stunden in eine Schüssel legen und mehrmals darin falten.

Den gegangenen Teig nicht mehr kneten, sondern in 3 Stücke zerteilen.

Erneut in 3 Stücke teilen und auf die gewünschte Länge.

Die Teiglinge in sich drehen und leicht in einer Mischung aus Roggen- und Maismehl wälzen. Kurz gehen lassen und in den vorgeheizten Ofen bei ca. 230 Grad - Wasser an die Backofenwand sprühen.

Gegrillter grüner Spargel mit Schinken

Zutaten

12 Stangen Spargel, grün
12 Scheiben luftgetrockneten Schinken, (z.B. Parma), ersatzweise Frühstücksspeck
Olivenöl
Salz und Pfeffer

Zubereitung

- Von den Spargelstangen die unteren Enden ein wenig abschneiden.
- Nun den Spargel einölen, salzen und pfeffern.
- Jeden Spargel mit einer Schinkenscheibe fest umwickeln.
- Bei mittlerer Hitze ca. 10 Minuten grillen, bis der Schinken schön kross ist und die Spargel noch bissfest sind.

Spanische Spieße

Zutaten

250 ml Olivenöl oder Sonnenblumenöl
4 Knoblauchzehen
1 kleine Zwiebel
1 rote Paprikaschote
1/2 TL Pfeffer
1 TL Salz
4 TL Chilipulver
2 TL Paprikapulver
3 EL Zucker
4 Hähnchenbrustfilets
etwas Öl

Sie benötigen:

Holzspieße

Zubereitung

- Die Zwiebel, den Knoblauch und die Paprika klein schneiden.
- Mit den übrigen Zutaten, außer dem Fleisch, in einen Rührbecher geben und mit einem Stabmixer gut vermengen.
- Die Hähnchenbrustfilets in dünne Streifen schneiden und auf die Holzspieße aufziehen. Tipp: Die Holzspieße vor dem Aufziehen in Öl tauchen.

- Zum Schluss die Spieße in die Marinade legen und 2 - 3 Std. ziehen lassen.
- Nun legen Sie die Spieße auf den Grill und wenden diese mehrmals.

Fetacreme

Zutaten

1 Pck. Frischkäse
1 Pck. Feta-Käse
4 EL Ajvar, scharf
2 EL Tomatenmark oder Paprikamark
1 gehackte Knoblauchzehe
1/2 TL Minze, getrocknete
1/2 TL frische glatte Petersilie, gehackt

Zubereitung

- Den Feta mit einer Gabel zerdrücken und alle anderen Zutaten untermischen.
- Nun das ganze mindestens 1 Stunde ziehen lassen.

Tipp: Schmeckt lecker als Brotaufstrich aber auch zu allem, was gegrillt wurde.

Straußensteaks

Zutaten

4 Steaks vom Strauß
3 EL Öl
1 EL Tomatenketchup
1 TL Senf
3 EL Sahne
1 EL Petersilie, fein gehackt
1 EL gehackte Zwiebeln
1 Msp. Chilipulver oder frisches Chilimark
1/2 TL Salz
1/4 TL Currypulver
Paprikapulver, edelsüß
Sojasauce

Zubereitung

- Alle Zutaten für die Marinade vermischen und die Steaks mindestens 2-4 Stunden darin einlegen.
- Die fertig marinierten Steaks können nach Belieben auf dem Grill oder in der Pfanne zubereitet werden.
- Je nach Stärke der Steaka zwei bis fünf Minuten garen.

Tipp: Dazu passt z.B ein gemischter Salat und Knoblauchbrot.

BBQ-Bacon-Cheese-Burger

Zutaten

4 Hamburgerbrötchen
800 g Hackfleisch vom Rind
1 TL, gehäuft Kreuzkümmel
1 TL, gehäuft Chiliflocken
1 TL, gehäuft Cayennepfeffer
1 TL, gehäuft Pfeffer, schwarzer
n. B. BBQ-Sauce
1 Zwiebel
8 Scheiben Bacon
4 Scheiben Käse, (Emmentaler, Sandwich-Scheiben)
1 große Tomate
1 Eisbergsalat
n. B. Mayonnaise und Ketchup

Zubereitung

- Das Hackfleisch mit Kreuzkümmel, Chiliflocken, Cayennepfeffer und dem schwarzen Pfeffer würzen und gut durchkneten.
- Aus dem Hackfleisch 4-6 große Burger formen und 12-24 Stunden im Kühlschrank ziehen lassen.
- Die Zwiebel in Ringe, die Tomate in Scheiben und den Eisbergsalat in Streifen schneiden.
- Die Burger und den Bacon 5-8 Minuten auf dem Grill braten und ab und zu wenden.

- Die Hamburgerbrötchen mit der Innenseite auf den Bacon legen und beides wieder 5-8 Minuten grillen.
- Nun die Burger wenden und mit den Sandwich-Scheiben belegen. Die unteren Hamburgerbrötchen mit BBQ-Sauce oder Ketchup bestreichen und mit Zwiebeln und Bacon belegen.
- Anschließend den Burger mit dem geschmolzenen Käse darauflegen und mit der Tomate, dem Eisbergsalat, der Mayonnaise und dem oberen Brötchen belegen.

www.ingramcontent.com/pod-product-compliance
Lightning Source LLC
LaVergne TN
LVHW021713060526
838200LV00050B/2643